„Jede Minute, die wir noch leben, ist von Nutzen".
Lebensgeschichtliche Interviews mit ehemaligen
Häftlingen des KZ Buchenwald, Außenlager Duderstadt

AF192186

FSC
www.fsc.org

MIX
Papier aus verantwortungsvollen Quellen
Paper from responsible sources
FSC® C105338

Schriftenreihe der Geschichtswerkstatt Duderstadt

Viele materielle und ideelle Voraussetzungen für das Entstehen dieses Buches wurden durch die Stiftung niedersächsische Gedenkstätten, den Landschaftsverband Südniedersachen e.V., die Geschichtswerkstatt Göttingen e.V. und die Geschichtswerkstatt Duderstadt e.V. geschaffen. Besonders hervorzuheben ist dabei die Arbeit von Lisa Grow und Günther Siedbürger in den beiden Geschichtswerkstätten. Brita Bunke-Wucherpfennig, Ludwig Pape und Günther Siedbürger haben überdies das Manuskript durchgesehen und viele Anregungen dazu gegeben. Éva Pusztai, Budapest, leistete wesentliche, unverzichtbare Hilfe bei der Vorbereitung und Durchführung der Interviews in Ungarn. Sie besorgte außerdem die Übersetzung der ungarischen Texte ins Deutsche. – Ihnen allen gilt mein Dank.

Das Buch entstand im Zusammenhang mit der Wanderausstellung „Auf der Spur europäischer Zwangsarbeit – Südniedersachsen 1939-1945". Nähere Informationen hierzu sind auf der Projektwebseite www.zwangsarbeit-in-niedersachsen.eu zu finden.

Die Fotos wurden, soweit sie nicht zum Besitz der Interviewten gehören, vom Verfasser aufgenommen.

Götz Hütt

Götz Hütt [Hrsg.]

„Jede Minute, die wir noch leben, ist von Nutzen"

Lebensgeschichtliche Interviews
mit ehemaligen Häftlingen
des KZ Buchenwald, Außenlager Duderstadt

Die Deutsche Bibliothek verzeichnet diese Publikation in
der Deutschen Nationalbibliografie; detaillierte bibliografi-
sche Daten sind im Internet über www.d-nb.de abrufbar

Herstellung und Verlag:
Books on Demand GmbH Norderstedt

ISBN 9783842372207

Inhalt

5

Detail der letzten KZ-Baracke in Duderstadt
nach jahrzehntelangem Verfall vor ihrem Abriss im Jahr 2008

Vorwort

Sechs Frauen, Ibolya Frisch, Katalin Forgács, Katalin Rutkai, Emma Farkas, Judit Nyitrai und Marta Schweitzer erzählen die Geschichten ihres Lebens, das inzwischen mehr als achtzig Jahre währt. Zweierlei verbindet sie: ihre Herkunft aus ungarisch-jüdischen Familien und ihr Weg 1944/1945 durch mehrere deutsche Konzentrationslager – Auschwitz, Bergen-Belsen, das Außenlager Duderstadt des KZ Buchenwald sowie, mit einer Ausnahme, Theresienstadt. Ergänzt werden ihre Erzählungen durch Abbildungen von Dokumenten und Auszüge aus weiteren Interviews mit anderen ehemaligen Duderstädter Häftlingen. Den Erinnerungen von Marta Schweitzer ist als literarisches Dokument aus dem Jahr 1945 ein Erlebnisbericht der damals Siebzehnjährigen über die Evakuierung des KZ-Außenlagers Duderstadt durch die SS beigefügt.

Das „Dritte Reich" hatte sich die Vernichtung auch dieser jüdischen Häftlinge zum Ziel gesetzt: die Zerstörung ihrer Menschenwürde und die Austilgung ihrer Existenz. Den damals jungen Frauen gelang es dagegen, den entsetzlichen Umständen ihrer Gefangenschaft zum Trotz, in Gruppen solidarisch zu bleiben und somit ihr Menschsein zu bewahren – bis zur Befreiung durch die Truppen der alliierten Siegermächte.

Der von außen erfolgte Einbruch der nationalsozialistischen Barbarei in ihr Dasein wirkte so schockierend, die Zäsur war so tief, dass weitreichende Auswirkungen auf ihr ferneres Leben unausweichlich blieben. Als wir – zur Aufklärung der NS-Vergangenheit und um die Erinnerung zu bewahren – mit ihnen Gespräche führten, gehörte deshalb für uns ihre ganze Lebensgeschichte dazu.

Die hier vorgelegten Protokolle von sechs lebensgeschichtlichen Interviews enthalten somit für den besonders ausführlich behandelten Zeitraum von etwa zwölf Monaten der Jahre 1944/1945 parallele Darstellungen: die Berichte über das Jahr der Deportation aus Ungarn und der Zwangsarbeit als KZ-Häftlinge. Dennoch ergibt sich daraus nicht die mehrfache Wiederholung ein und desselben. Die Erzählungen der sechs Zeitzeuginnen unterscheiden sich auch in diesem Teil. Das ist bedingt durch ihre unterschiedlichen Einstellungen und Lebenshaltungen. Beispielsweise konnten Wahrnehmungen ein und desselben unter Umständen von vornherein voneinander abweichen. So war es möglich, den SS-Arzt Mengele auf der Rampe in Auschwitz vor allem als uniformierten Deutschen oder aber zunächst auch ganz ahnungslos als feschen jungen Mann anzusehen. Überdies haben die Frauen in denselben KZ-Lagern neben Gleichem ebenso Unterschiedliches erlebt. Schließlich ist das Erinnerungsvermögen eine nicht immer zuverlässige Fähigkeit des menschlichen Geistes. Erinnerungen können flüchtig und daher lückenhaft sein oder sich verändern. Jedoch haben sich die existentiell bedrohlichen Ereignisse dieses einen Jahres so fest in das Gedächtnis der sechs befragten Frauen eingebrannt, dass bei ihren voneinander unabhängigen Aussagen selbst nach 60 Jahren Widersprüchliches allenfalls in wenigen nebensächlichen Details zu finden ist.

Dabei kann selbst das, was sich auf den ersten Blick zu widersprechen scheint, in sich stimmig sein. Dafür sei ein Beispiel genannt. Die einen schilderten, sie seien während eines Fliegerangriffs auf ihren Transportzug kurz vor Theresienstadt in den Wagons eingeschlossen geblieben, während andere berichteten, die Türen seien geöffnet worden, sodass sie ins Freie flüchten konnten. Für den scheinbaren Widerspruch lässt sich aber eine womöglich zutreffende Erklärung finden. Wenn die Bewacher Gefangenen ermöglichten, außerhalb des Zuges Deckung zu suchen, handelten sie gewiss ihren Vorschriften zuwider. Dieses Verhalten ist mit den Auflösungserscheinungen während der letzten Kriegstage erklärbar, also nicht unglaubwürdig. Zugleich erscheint durchaus möglich und realistisch, dass im panischen, chaotischen Durcheinander während des Angriffs nur ein Teil der Waggons, aber eben nicht alle geöffnet wurden. Das Erleben der Einzelnen zu gleicher Zeit und am gleichen Ort kann also durchaus unterschiedlich gewesen sein und die Aussagen dazu dürften sich weithin ergänzen, anstatt sich zu widersprechen.

Somit fügen sich sechs Variationen eines Themas zu einem facettenreichen, dichten Gesamtbild, welches das Schicksal der früheren Duderstädter KZ-Häftlinge sehr umfassend abbildet. Vieles davon wird für Leserinnen und Leser schwer zu ertragen sein, handelt es sich doch nicht um nüchterne Dokumente, sondern um Innenansichten des KZ-Systems aus der Perspektive der Opfer.

Auch unseren Gesprächspartnerinnen war es kein Leichtes, sich die Erinnerungen an das, was ihnen zugefügt worden war, umfassend zu vergegenwärtigen. Sie nahmen dies auf sich, damit ihre Geschichte nicht in Vergessenheit gerät, sondern zukünftig als Lehre, zur Mahnung und zur Warnung vor menschlicher Inhumanität dienen kann.

Einleitung

Die sechs Lebensgeschichten, erzählt in den Jahren 2005 bis 2011, stehen in einem welthistorischen Zusammenhang, zu dessen ungarischen Details zunächst einleitend einige kurze Erläuterungen gegeben werden. Diese können der besseren Einordnung und dem klareren Verständnis der nachfolgenden Berichte dienen.

Die Grenzen Ungarns waren zwischen 1920 und 1945 starken Verschiebungen unterworfen. Infolge der Niederlage Österreich-Ungarns im Ersten Weltkrieg verlor der ungarische Staat mit dem 1920 in Trianon geschlossenen Friedensvertrag etwa zwei Drittel seines Territoriums und fast 60 Prozent seiner Einwohner an die Tschechoslowakei, Jugoslawien und Rumänien. Mit der Unterstützung des „Dritten Reiches" gewann Ungarn zwischen November 1938, nach dem Münchener Abkommen, und April 1941, nach dem Angriff der Wehrmacht und der ungarischen Armee auf Jugoslawien, große Teile dieser 1920 verlorenen Gebiete wieder zurück. Die Einwohnerzahl des Landes stieg dadurch von 9 auf knapp 15 Millionen, die Anzahl der Juden unter ihnen von mehr als 400 000 auf rund 725 000 an. Nach 1945 wurde Ungarn in etwa wieder auf seine Größe von 1920 reduziert. Viele der ehemaligen ungarisch-jüdischen Häftlinge des KZ-Außenlagers Duderstadt stammten daher aus Gebieten, die 1944/1945 zu Ungarn gehörten, heute aber wieder Teile der Nachbarstaaten sind.

Die Juden im damaligen Groß-Ungarn bildeten keine homogene Minderheit, sondern unterschieden sich, mit regionalen Schwerpunkten, in sozialer, religiöser und politischer Hinsicht stark. Insofern sind die Elternhäuser der von uns interviewten Frauen nicht repräsentativ für die damaligen Verhältnisse, da sie alle aus dem Gebiet des Trianon-Ungarn stammen, wo die Juden mehrheitlich reformorientiert und bürgerlich-staatstragend eingestellt waren. Dabei ging es auch unter den jüdischen Einwohnern, der allgemeinen sozialen Struktur des Landes entsprechend, nur einer dünnen Ober- und Mittelschicht finanziell gut, während die Mehrheit in einfachen oder ärmlichen Verhältnissen lebte.

Die Differenzen innerhalb der jüdischen Einwohnerschaft Ungarns trugen dazu bei, dass es keine gemeinsame, die Interessen aller Juden wahrende Organisation gab, somit keine Vorbereitung darauf, der drohenden Vernichtungsgefahr zu begegnen, noch nicht einmal eine Warnung aller davor. Zwar waren viele über die Verfolgung und den Massenmord an den Juden durch das Deutsche Reich aus unterschiedlichen Quellen bruchstückhaft unterrichtet, zum Beispiel durch Tausende von Flüchtlingen aus der Slowakei und Polen, aber viele ungarische Juden glaubten solchen Hinweisen nicht oder hielten Ähnliches zumindest im eigenen Land für unmöglich.

Zur Zeit der Donaumonarchie unter den Habsburgern war das Verhältnis zu den Juden in Ungarn weithin liberal. Jedoch nach dem Ende des ersten Weltkrieges, nach der Niederschlagung der ungarischen Räterepublik und dem Vertrag von Trianon, verringerte sich die Toleranz. Bereits 1920 wurde ein erstes Judengesetz erlassen. Es führte an den Universitäten einen Numerus clausus ein, der faktisch aber nur jüdische Studierende betraf, weswegen zahlreiche ungarische Juden fortan im Ausland studierten. Zwischen 1938 und 1941 folgten drei weitere die Juden diskriminierende Gesetze. Sie schränkten zum Beispiel ihre Möglichkeiten der Berufsausübung ein, erlaubten die Enteignung jüdischen Landbesitzes und entzogen, mit Ausnahmeregelungen, das Wahlrecht. 1941 wurde die Eheschließung zwischen Juden und Nichtjuden verboten und „Rassenschande" unter Strafe gestellt. Als Jude wurde nun definiert, wer jüdischen Glaubens war oder wer mindestens zwei Großeltern jüdischen Glaubens hatte.

Bereits in den Kriegsjahren vor 1944, also vor der Besetzung Ungarns durch die deutsche Wehrmacht, fielen bis zu 50 000 Juden dem ungarischen Antisemitismus zum Opfer. Es waren Menschen, die 1941 als Staatenlose in den deutschen Herrschaftsbereich ausgewiesen und bei Kamenez-Podolsk in der Ukraine massakriert wurden, ferner 1942 bei Pogromen durch die ungarische Armee in der Batschka Ermordete sowie Angehörige des ungarischen Arbeitsdienstes, einer Truppe von unbewaffneten Bausoldaten, die wegen ihrer Herkunft aus nationalen Minderheiten als unzuverlässig galten. Der Hauptteil der an den ungarischen Juden begangenen Verbrechen aber folgte nach der Besetzung des Landes durch deutsche Truppen.

Die Wehrmacht marschierte am 19. März 1944 in Ungarn ein. Ziel dieses „Unternehmens Margarete" war es unter anderem, den inzwischen unzuverlässigen Verbündeten daran zu hindern, auf die Seite der westalliierten Kriegsgegner Deutschlands zu wechseln, ungarische Wirtschaftsressourcen für die deutsche Kriegsführung zu mobilisieren und die „Lösung der Judenfrage" in Ungarn herbeizuführen. Bei der Verfolgung der

Juden war die deutsche Besatzungsmacht allerdings auf die bereitwillige Unterstützung durch die ungarische Regierung und ihre Behörden angewiesen. Dazu zählte zum Beispiel die Gendarmerie, also die kasernierte ungarische Polizei.

In rascher Folge wurden die Juden in Ungarn nach dem 19. März 1944 isoliert, entrechtet und ihres Eigentums beraubt. Die Verpflichtung, einen Judenstern zu tragen, stigmatisierte sie. Weitere Berufsverbote wurden ausgesprochen. Ab Mitte April begannen die Enteignungen und die Ghettoisierung, und zwar von der Peripherie des Landes zum Zentrum hin, sowie in Budapest die Zusammenfassung der jüdischen Einwohner in „Judenhäusern". Dem Aufenthalt im Ghetto folgte die Überführung in Sammellager, häufig Ziegeleien, die als Ausgangspunkte für die Deportation dienten.

Nachdem Ende April 1944 bereits die beiden ersten Deportationszüge von Ungarn aus nach Auschwitz gefahren waren, folgten vom 15. Mai bis zum 9. Juli 147 weitere, die etwa 430 000 ungarische Juden in dieses Vernichtungslager in Polen transportierten. Ferner brachten Züge in dieser Zeit ungefähr 15 000 ungarische Juden nach Österreich, wo viele von ihnen zur Arbeit eingesetzt wurden. Von den Letzteren blieb ein Teil bis Kriegsende dort, andere brachte die SS nach Auschwitz (im Herbst 1944), nach Bergen-Belsen und nach Theresienstadt (im Frühjahr 1945).

Die Deportationen begannen ebenfalls an der Peripherie des Landes. Anfang Juli 1944, als die Deportationszone an Budapest heranrückte, ließ der ungarische Staatspräsident, Reichsverweser Horthy, die Transporte nach Auschwitz mit Rücksicht auf die Westalliierten stoppen. Mit deutscher Unterstützung gelangten im Oktober 1944 die Pfeilkreuzler, die man in etwa als ungarische Nazis bezeichnen könnte, durch einen Putsch an die Macht. Sie begannen sofort, Jagd auf vor allem wohlhabende Juden zu machen. In Budapest wurden viele Menschen am Donauufer derart erschossen, dass ihre Körper in das Wasser des Flusses stürzten. In wahren Todesmärschen ließen die neuen Machthaber Zehntausende Budapester Juden unter Misshandlungen und ohne Verpflegung zur österreichischen Grenze treiben – zum Arbeitseinsatz im Deutschen Reich.

In Auschwitz begannen die Vorbereitungen auf die Deportationen aus Ungarn erst am 9. Mai 1944. An diesem Tag befahl Lagerkommandant Höß, eine stillgelegte Gaskammer zu reaktivieren, die Öfen im Krematorium V wieder in Betrieb zu nehmen, fünf große Gruben zur Leichenverbrennung auszuschachten, den Bau des Bahnanschlusses Auschwitz-

Birkenau zu beschleunigen sowie das „Sonderkommando" für die Vergasung und Leichenverbrennung und das Kommando „Kanada" für die Verwertung des mitgebrachten Besitzes zu vergrößern. Als der erste der ab Mitte Mai aus Ungarn abgefahrenen Deportationstransporte am 16. Mai 1944 in Auschwitz eintraf, war die Bahnlinie nach Birkenau noch nicht betriebsbereit und an den für die Unterbringung vorgesehenen Baracken im Lagerbereich B III wurde noch gebaut.

Etwa drei Viertel der mit jedem Transport zu Tausenden eintreffenden ungarischen Juden, nämlich ältere Frauen und Männer, alle Frauen mit kleinen Kindern, Kinder unter 14, zeitweise unter 16 Jahren, Kranke und Schwangere wurden sogleich ermordet. Nach einer späteren Aussage des Lagerkommandanten waren sie innerhalb von fünf Stunden vergast und verbrannt. Das andere Viertel sonderten SS-Ärzte bei der Selektion auf der Bahnrampe als „arbeitsfähig" aus. Nur ein Teil von ihnen erhielt eine Lagernummer und wurde tätowiert, während die anderen als „Depot-Häftlinge" aufgenommen wurden, also als Arbeitskräftereservoir dazu bestimmt waren, in andere KZ oder deren Außenlager weitergeleitet zu werden.

Die Kriegslage und der dadurch bedingte Arbeitskräftemangel erzwangen den Arbeitseinsatz ungarischer Juden auch auf dem Gebiet des Deutschen Reiches, trotz der ganz anderen ideologischen Zielvorstellungen des NS-Staates. Von dessen Absichten her bedeutete die Deportation in das Reichsgebiet für die Betroffenen jedoch nicht mehr als eine Schonfrist, denn sie wurden gezwungen, an sehr unterschiedlichen Arbeitsplätzen, aber immer unter den Bedingungen des KZ, also der absoluten Gewalt der SS unterworfen, in einer ihre Kräfte auf Dauer überfordernden Weise zu schuften, und zwar bei mangelhafter Versorgung mit Nahrungsmitteln, Kleidung und medizinischer Betreuung. Ihnen war zugedacht, kriegswichtige Arbeiten zu leisten und dabei zugrunde zu gehen – damals „Vernichtung durch Arbeit" genannt. Die Überlebenschancen bis zum Kriegsende waren je nach Einsatzort unterschiedlich; in der Rüstungsindustrie, nämlich bei Arbeiten in überdachten und beheizten Hallen, lag die Todesrate deutlich unter derjenigen in den Baukommandos.

Seit dem 4. November 1944 wurden bei der Munitionsfabrik Polte in Duderstadt 747 ungarische Jüdinnen zur Zwangsarbeit eingesetzt, dazu eine Tschechin als Lagerschreiberin und eine Polin als Ärztin samt ihrer Tochter. Zumindest die Ungarinnen waren über Auschwitz und Bergen-Belsen nach Duderstadt deportiert worden.

12

Verwaltet wurde das Lager in Duderstadt durch das KZ Buchenwald. Es bestand bis Anfang April 1945. Vier der Ungarinnen starben in dieser Zeit. Das entsprach der Mortalität in vergleichbaren Lagern der Rüstungsindustrie. Die Toten sowie eine Schwangere, welche nach Bergen-Belsen zurückgebracht wurde, ersetzte die SS im Januar 1945 durch fünf weitere Gefangene. Ein im Lager geborenes Kind starb nach kurzer Zeit.

Bewacht wurden die KZ-Häftlinge in Duderstadt durch SS-Leute und Soldaten der Wehrmacht, die zu diesem Zweck zur SS überstellt worden waren, ferner durch junge Frauen, die zumeist aus Duderstadt und seiner Umgebung stammten und im KZ Ravensbrück einen Kurzlehrgang zur SS-Aufseherin absolviert hatten.

Rettung konnte für die gefangenen Ungarinnen nur durch die Truppen der Alliierten kommen. Aber als die Amerikaner sich Duderstadt näherten, verhinderten die Betriebsleitung des Poltewerks und die SS in einer gemeinsamen Aktion ihre Befreiung. Vom 5. bis 7. April, wenige Tage vor der Besetzung Duderstadts durch amerikanische Soldaten, ließen sie die Jüdinnen mit Fahrzeugen örtlicher Omnibusbetriebe und mit Lastkraftwagen im Pendelverkehr in die Nähe von Seesen/Harz schaffen. Dort standen Güterwagons zum Weitertransport bereit. Nach drei Wochen, am 26. und 27. April 1945, trafen 712 der 750 Gefangenen aus Duderstadt in Theresienstadt ein; vielleicht waren es auch 719. Mindestens neun hatten unterwegs fliehen können, andere kamen bei dem schon im Vorwort erwähnten Fliegerangriff auf den Zug ums Leben. Genauere Zahlen sind nicht feststellbar. Einige der Frauen starben noch in Theresienstadt. Die Befreiung erfolgte bei Kriegsende durch die Rote Armee.

Mit welchen Glücksgefühlen auch immer die Befreiung aufgenommen wurde, sie bedeutete nicht das Ende des Leidens. Denn nach Ungarn zurückgekehrt, mussten die Überlebenden nach und nach viele immer noch gehegte Hoffnungen begraben und endgültig erkennen, dass sie die meisten ihrer nächsten Angehörigen in Auschwitz verloren hatten. Marta Schweitzer, deren Erinnerungen im letzten Kapitel des Buches mitgeteilt werden, erklärte, diese Zeit des Hoffens, Bangens und vergeblichen Wartens sei für sie wie die Verlängerung von Auschwitz ohne Lebensgefahr gewesen. Dennoch begann mit dem 9. Mai 1945, als die Sowjetsoldaten Theresienstadt erreichten, für die Geretteten das, was viele später als ihr zweites Leben bezeichneten. Erste wichtige Unterstützung leistete 1945 in Ungarn vor allem die amerikanische Hilfsorganisation JOINT.

Ibolya Frisch:

„In der Nacht habe ich die Flammen gesehen"

„Mein Vater war Taxifahrer, meine Mutter eine äußerst geschickte Näherin. Meine Eltern haben viel gearbeitet, um mich, das einzige Kind, zu erziehen, wie sie sich das vorstellten und wie es in jener Zeit möglich war. Mein Vater arbeitete in der Nacht und schlief tagsüber, meine Mutter arbeitete Tag und Nacht."

Ibolya Frisch, geborene Schwarcz, stammte also aus sogenannten einfachen Verhältnissen. 1926 wurde sie in Budapest geboren. Als sie drei Jahre alt war, zog die Familie nach Sashalom, einem Ort in der Nähe der ungarischen Hauptstadt, in ein kleines Haus mit zwei Einzimmerwohnungen samt Küche.

Als Kind besuchte sie die vierjährige Elementarschule in Sashalom und danach die Bürgerschule in Rákosfalva, einem Stadtteil von Budapest. *„Da beendete ich die vier Klassen. Ursprünglich wollte ich eigentlich ins Gymnasium, weil meine Vorstellung war, Ärztin zu werden. Mein Vater war sehr realistisch und sagte, dass er kein ‚Fräulein' erziehen wolle. Die Universität war aussichtslos und dann hatte es keinen Zweck, ins Gymnasium zu gehen. Außerdem wäre es für uns auch eine finanzielle Anstrengung gewesen."*

Ibolya Frisch erlernte ebenfalls den Beruf der Näherin, übte ihn aber nur eine kurze Zeit lang aus. Wegen einer Lungenerkrankung kam sie in ein Sanatorium nach Budakeszi. Dort besuchten die Eltern sie an jedem Sonntagnachmittag. Am 19. März 1944 aber erschien der Vater bereits am Vormittag, allein und ohne diesen Umstand weiter zu erklären. *„Er sagte nur, ich solle mich darauf vorbereiten, in Zukunft nur auf meine Eltern zu rechnen, mich vor nichts und niemandem zu erschrecken und tapfer zu bleiben wie bisher. Am Nachmittag sind dann die Besucher der anderen gekommen und haben schon vom Einmarsch der Deutschen erzählt. In unserem Krankenzimmer lagen mehrere Mädchen, die im Militärmeldedienst tätig waren. Der Vater von einer, im Rang eines Feldwebels, sagte mit großem Mundwerk, dass jetzt, wo die Deutschen da sind, schon etwas passiert mit den Juden. Von uns waren mehrere betroffen und natürlich waren wir sehr erschrocken. Die ganze Nacht haben wir gehört, wie die Panzer durch Budakeszi dröhnten. Es war eine schreckliche Nacht. Am nächsten Tag hat sich die ganze Stimmung im Sanatorium geändert. Es gab viele schwäbische[1] Angestellte, die jubelten. Wir hingegen waren verzweifelt."*

---

[1] Gemeint sind Donauschwaben: deutsche Siedler im Donauraum.

Am 30. April 1944 musste Ibolya Frisch, obwohl noch nicht genesen, das Sanatorium verlassen, weil sie Jüdin war. Ihr Weg nach Hause erschien für sie aus dem gleichen Grunde nicht ungefährlich, denn an den Stadtgrenzen von Budapest befanden sich Kontrollstellen. Schon am ersten Tag war bei einer dieser Postenstellungen die Frau des Oberarztes verhaftet worden, bei einer anderen der Kantor von Sashalom. Die Familie erfuhr noch von weiteren Festnahmen. Und keiner der Verhafteten kehrte zurück. Ibolya Frisch musste durch Budapest hindurch, also zwei Kontrollstellen passieren. Daher entschied sich der Vater, eine List anzuwenden. Er organisierte einen Ambulanzwagen und vereinbarte mit dem Fahrer, bei der ersten Kontrollstelle das Signalhorn ertönen zu lassen, damit der Wagen nicht gestoppt werde. So gelangte die Entlassene zu einer Tante nach Budapest. Von dort holte der Vater sie ab. Beide stiegen eine Bahnstation vor der zweiten Kontrollstelle aus dem Zug, um diese zu umgehen und durch einen Wald nach Hause zu schleichen.

„Wir lebten, wie man es damals konnte. Die Juden pferchte man in einem Haus, das mit einem Stern gekennzeichnet wurde, zusammen. Falls dort Christen wohnten, mussten sie ausziehen. In unser Haus wurde eine Mutter mit fünf Kindern eingewiesen; der Vater dieser Familie war zum Arbeitsdienst eingezogen. Auch wir mussten den gelben Stern auf das Haus nageln. Natürlich gab es einige, welche die Bemerkung machten, wir würden den Stern nur deshalb anbringen, damit wir nicht bombardiert werden und so geschützt sind.“

Auch der Vater Schwarcz wurde zum Arbeitsdienst eingezogen. Er schrieb, dass er jemanden wegen eines Paketes schicken werde. Seine Frau kaufte deswegen Speck und buk Plätzchen – zum Glück, denn so konnten Mutter und Tochter wenigstens etwas Proviant mitnehmen, als sie am 30. Juni 1944, einen Tag nach Peter und Paul, verschleppt wurden.

„Die Gendarmen haben unser Haus am Vorabend besetzt. Einer stand vor dem Haus, ein anderer im Haus. Keiner sagte ein Wort zu uns. In der Früh um sechs wurden wir zusammengerufen. Ich erinnere mich schon nicht, aber vermutlich wurde uns eine Stunde Zeit gegeben, um zusammenzupacken. Etwa 30 Kilogramm Gepäck wurden erlaubt, aber es wurde weder gewogen noch kontrolliert, was darin war. Niemandem habe ich bisher davon erzählt, jetzt tue ich es, wenn ich es kann. In der Nacht habe ich meiner Mutter gesagt, wir sollten Selbstmord begehen. ‚Denkst du nicht an deinen Vater?‘, fragte meine Mutter. Und dann haben wir darauf verzichtet. Kein Auge haben wir geschlossen mit dem Gendarmen

*im Haus. So war diese Nacht. Und in der Früh, beim Zusammenpacken –
ich war 18 Jahre alt, was wollte ich denn – suchte ich meine neuesten
Kleider aus und zog meine neuen Schuhe an, denn die mussten mit. Auch
zwang ich meine Mutter, meine Schuhe mit hohen Stöckelabsätzen anzuziehen. Das sollte noch schlimme Folgen für sie haben.*

*Wir wurden auf die Straße gewiesen, auch die anderen Juden in unse-
rer Nachbarschaft. Eine alte Tante beweinte die ganze Zeit die vielen
Marmeladen und das Eingekochte, das sie hergestellt hatte. Auf einen
Pferdewagen konnten wir das Gepäck legen. Es nieselte in der Zwischen-
zeit. Wir gingen von einem Haus zum anderen, und wenn auch nicht viele
Häuser da waren, musste man doch überall stehen bleiben. Wir setzten
uns ins Gras oder auf den Rand des Bürgersteiges. Die nichtjüdischen
Einwohner gingen hin und her, zogen verschiedene Mienen und machten
Bemerkungen dazu – man erlebte schon etwas. So wurden wir durch ganz
Sashalom geschleppt, in eine Straße hinein, aus der anderen heraus. Es
war schon spät abends, als wir den Bahnhof Rákosszentmihály erreichten. Dort wurden wir in Viehwagons eingeladen. Die Menschen aus Sze-
ntmihály, Cinkota und aus aller Umgebung wurden herbeigeschleppt und
befanden sich schon in einem schrecklichen Zustand. Man musste die
Ankunft aller Gruppen abwarten. Die Wagons waren überfüllt. Mehr als
80 Personen wurden hineingezwängt: Kranke, kleine Kinder, Alte, die
unterschiedlichsten Menschen. Der eine betete, der andere wurde verrückt, der dritte fluchte. Die Gendarmen kamen ununterbrochen und for-
derten uns auf, das versteckte Geld herzugeben, das irgendwo Verborge-
ne einzugestehen. Jetzt könnten wir es noch tun, jetzt zum letzten Mal.
Zum Schluss wurde der Wagon geschlossen.“*

Diese erste Fahrt dauerte nur wenige Stunden. Ziel war die Ziegelei
von Budakalász, wo die Deportierten eine Woche verbringen sollten –
unter freiem Himmel, bei strömendem Regen bis auf die Haut durchnässt,
im Matsch des lehmigen Bodens. *„Man gab uns nichts zu essen; wir hatten nur das, was wir mitgebracht hatten. Viele stellten zwei Ziegel auf
den Boden, um über einem Feuer in einem kleinen Topf ein wenig Suppe
zu kochen. Unser Pech war, dass wir auch kein Geschirr mitgenommen
hatten. Wir hatten einfach den Kopf verloren. Das kleine Stück Speck war
das Einzige, was wir noch hatten. Meine Mutter wollte aber keinen Speck
essen. Sie war eine so fromme Frau, dass ich sie vergeblich gebeten habe, mindestens ein wenig davon zu nehmen. Nicht um Gottes willen, drei
Tage lang, eine Woche lang, sie hat nichts davon gegessen. Unter diesen*

18

*Umständen sagten wir uns: ‚Schlimmer kann es nicht mehr werden. So-
gar der Tod ist besser. Von hier sollten wir wegkommen, ganz gleich
wohin, nur weg.'"*

Besonders beschämend war für das junge Mädchen die Latrine des
Sammellagers, aus Brettern zusammengenagelt und nicht unterteilt für
Männer und Frauen.

Auch ein Onkel von Ibolya Frisch wurde nach Budakalász verschleppt. Eine Gelegenheit, die Ziegelei zu verlassen, schlug er aus. Er
wollte sie und ihre Mutter begleiten und beschützen. So kam er nach
Auschwitz. *„Wir redeten in der Ziegelei und ich sagte ihm: ‚Onkel Jenö,
man wird uns umbringen.' – ‚Alle kann man doch nicht umbringen, vielleicht bleiben gerade wir am Leben', erwiderte er."*

Dann erschienen deutsche Soldaten, um abzuschätzen, wie viele Gefangene sich auf dem Gelände der Ziegelei befanden. *„Wir wurden in
einer Reihe aufgestellt. Die Kranken und die Arbeitsunfähigen mussten
heraustreten. Ich wollte nicht, obwohl ich krank war. Meine Mutter ver-
suchte, mich zu zwingen. Sie werde schon sagen, dass sie an meiner Stelle
arbeiten wolle. So sehr wollte sie mich schonen und so bange war sie um
mich. Unweit von uns trat ein junger Mann aus der Reihe nach vorn –
gewiss fehlte ihm etwas; er wurde mit dem Fuß zusammengetreten. Ich
fragte meine Mutter: ‚Wünschst du mir dasselbe?'"*

Dann begannen die Transporte aus der Ziegelei. Die Fahrt dauerte drei
Tage. Unterwegs, bei einem Halt in Kassa[2], wurden die Wagontüren geöffnet. Wieder erschienen ungarische Gendarmen und erklärten, dass jetzt
die letzte gute Möglichkeit bestehe, um alles herzugeben: Geld,
Schmuck, Juwelen, sodass es bei den Ungarn bliebe, denn von hier an
würden die Deutschen den Transport übernehmen und dann werde alles
ihnen gehören.

*„Die Deutschen übernahmen uns. Die Wagontüren wurden geschlos-
sen und wir fuhren weiter, ohne zu wissen, wohin. Ich hatte wieder die-
selben Probleme wie mit der Latrine. Hier im Waggon stand ein Eimer.
Einige der Mitfahrenden waren schon verrückt geworden und brüllten.
Es waren schon Leichen dabei, die erst am Ende herausgezogen wurden.
Und auf einmal sind wir irgendwo, an einem uns unbekannten Ort, angekommen. Durch das kleine Fenster guckten wir hinaus. Die Türen wurden geöffnet. Polnische Männer in gestreifter Kleidung erschienen. Sie*

---

[2] Ungarischer Name für Kosice in der Slowakei.

erklärten in deutscher Sprache, dass alles Gepäck im Wagon zu bleiben habe. Die Kinder sollten den Älteren übergeben werden. Es geschah, dass man das Kind der jungen Mutter aus den Armen riss und einer fremden alten Frau in die Hand drückte.

Wir stiegen aus dem Wagon. Wir wussten immer noch nicht, wo wir waren. Später erfuhren wir, dass das Birkenau war. Als Erstes wurden Männer und Frauen separiert. Vorne stand ein SS-Soldat, wir mussten vorbeigehen, er winkte nach rechts und nach links, mich auf eine Seite, meine Mutter auf die andere. Meine Mutter schrie: ‚Meine Tochter, meine Tochter!‘ – ‚Sie treffen sich schon später‘, wurde gesagt. Wir konnten uns gar nicht so verabschieden, dass wir hätten sagen können: ‚Gib acht!‘ oder so etwas. Nur voneinander gerissen wurden wir. Ich war – von dieser Sekunde an – wie erschlagen. Ich hörte nichts, ich sah nichts. Wenn man mir sagte, ich solle in diese Richtung gehen, ich ging, wenn in die andere, dann dorthin."

Interview 1996 in Israel mit Aviva D., die auch als KZ-Häftling in Duderstadt war:

A: Erst hat man uns auch aus dem Zug, aus dem Waggon rausgeholt – unten standen schon die SS-Männer und Juden mit der Streifenkleidung. Nun begann die Trennung zwischen Frauen und Männern.
F: In Auschwitz?
A: In Auschwitz. Mein Sohn war auf meinen Armen. Ich erinnere mich, dass ich es nicht schaffte, mir noch etwas über den Fuß zu ziehen. Ich stieg barfuß aus. Ich machte mir Sorgen darum, dass der Junge etwas zum Anziehen hatte. Und dieser Mann mit der gestreiften Kleidung, der Häftling, reißt mir den Säugling aus dem Arm und ich kämpfe gegen ihn. Er wollte ihn einer älteren Frau geben, die neben mir stand. Aber ich wollte ihn nicht hergeben. Da fragte er mich: „Ist das nicht deine Mutter?" Ich antwortete: „Nein." – „Hast du hier keine Mutter?" Ich antwortete: „Doch." – „Wo ist sie?" Sofort übergab er meinen Sohn meiner Mutter und sprach: „Das ist besser für deine Mutter und auch für den Sohn. Denn du musst arbeiten gehen und es wird sonst niemanden geben, der sich um das Kind kümmern wird." Natürlich wusste er, was sie erwarten wird. Aber das war die Geschichte, die er uns erzählte. Und man begann, uns weiter vorwärts zu treiben. […] Man steckte uns in eine Baracke, in der es

kaum Platz für alle gab. Weder zum Liegen, nicht einmal zum Sitzen.
F: Können Sie sich an die Nummer der Baracke erinnern?
A: Das weiß ich nicht mehr. Ich glaube 13, aber ich bin mir nicht
sicher. Nebenan gab es eine „Schonungs“-Baracke, in die man die
Kranken brachte. Die schwangeren Frauen, die hierher kamen, geba-
ren dort. Wir standen im „Zählappell“. [...] Diese „Schonung“ war
hinter uns, und einige Male sahen wir ... hörten wir das Weinen der
Säuglinge, die dort geboren wurden. Die Säuglinge nahm man sofort,
und oft sahen wir, wenn wir neben dieser Baracke standen, dass die
SS-Männer sie als Zielscheibe benutzten. Sie warfen sie in die Luft
und schossen auf sie.
F: Sie, die sich von ihrem Sohn trennen mussten und so etwas sahen,
wie fühlten sie sich in diesen Momenten?
A: Meine ersten Gefühle, Sie werden mir vielleicht nicht glauben,
aber bis zum Schluss, bis zur Befreiung – auch während der Befrei-
ung – hoffte ich noch, nach Hause zu kommen und mich dort mit mei-
ner Mutter und meinem Sohn zu treffen. Wir glaubten nicht an die
Geschichte, die wir hier oder dort hörten, was ihr Ende war, dass sie
vergast wurden. Wir glaubten das nicht.
[Interview: Dov Gedi; Archiv: Yad Vashem; Übersetzung: Uriel
Kashi.]

Es folgte für Ibolya Frisch die in Auschwitz übliche Aufnahmeprozedur: *„Wir wurden in ein Bad getrieben. Später erst haben wir gehört,*
dass es auch eine andere Art von ‚Bad‘ gab, wo aus den Duschrosen Gas
geflossen ist. Später also wollten wir nicht zum Bad gehen oder duschen.
Als wir dort ankamen, war das Erste: alles ablegen, sich ganz nackt aus-
ziehen, nur die Schuhe konnten wir behalten. SS-Soldaten haben uns diri-
giert. Wir haben ein schönes Bündel zurückgelassen, damit wir alles wie-
derfinden. Niemals sind wir dorthin zurückgekehrt. Ich weiß nicht sicher,
ob wir zuerst gebadet haben und dann enthaart wurden oder umgekehrt.
Allerdings hat selbst das Duschen nur wenige Minuten gedauert. Es gab
einige, die nicht einmal nass geworden sind. Handtücher zum Abtrock-
nen waren nicht vorhanden. Dann sind wir hinausgegangen und es kam
die Enthaarung. Alles, überall. Man hat uns mit einem Desinfizierungs-
mittel eingeschmiert, das rot war. Dann hat man uns ein Kleid hinge-
schmissen, mir ein kleines, rotes Sommerkleid, sonst nichts. Keine Weiß-

21

wäsche, nichts. Nur das Kleid, das am Rücken mit Farbe bestrichen wurde.

Auf einmal befand ich mich in einem Lager, in einem Block. Später erfuhr ich: Das war das Lager B III im Vernichtungslager. Das war das Vernichtungslager, wo man nicht einmal tätowierte. Nichts wurde hier getan. Tagelang konnte ich keinen Bissen essen. Ich kannte niemanden dort. Dort waren Mütter mit ihren Töchtern. Die meisten hatten jemanden aus ihrer Gemeinschaft. Keiner aus Sashalom war dort. Ich habe niemanden gehabt.

Und dann kam doch eine Frau aus Kispest, in der ich die Cousine meiner eigenen Cousinen erkannte. Sie war etwas älter als meine Mutter, eine alte Jungfer, die sich geschont und gut ausgesehen hat. Meine Mutter war, mit ihr verglichen, eine Greisin. ‚Ah‘, sagte ich, ‚nun gibt es jemanden, mit dem ich zwei Worte sprechen kann.‘ Sie war aber eine alleinstehende Egoistin und zog zu ihrer Gesellschaft und nicht zu mir.“

Doch Ibolya Frisch gewann eine Freundin, Kati Schwarz. *„Sie war auch ein einzelnes Kind, und wir zwei haben sehr zusammengehalten, die ganze Zeit lang, als ob wir Geschwister wären, und wir beschlossen, dass wir uns nie verlassen. Das Leben verfügte es anders. Sie wohnt jetzt in Miskolc.“*

Die Umstände der Unterbringung waren nicht besser als zuvor in der Ziegelei. Ibolya Frisch war dem „*Block 5/C*“ zugewiesen. Das war ihrer Erzählung nach die letzte Baracke am Ende dieses Lagers. Auf dem Dach fehlte die Teerpappe. Es gab keine Pritschen, alle Räume waren ganz leer. Nur die Gefangenen waren da. Bei tagelangem Regen stellten sie sich auf Ziegelsteine, um nicht im Wasser zu stehen. Sie zogen die Kleider aus, wrangen sie wieder und wieder aus, um sie sich nass erneut überzustreifen. Am Abend mussten sie sich auf den feuchten Boden legen, dicht aneinander. Und wenn jemand in der Nacht unbedingt hinausgehen musste, fand er keine Stelle mehr, um sich zurückzulegen, weil sein Liegeplatz inzwischen verschwunden war.

Irgendwann wurde für je fünf Personen eine Decke ausgegeben. *„Am ersten Tag wurde die Decke klitschnass. Sie zu halten war schon entsetzlich schwer. Ich war auch in einer Gesellschaft von fünf Personen. Ich muss nicht sagen, dass ich an den Rand gedrängt wurde. Ich hatte nie ein Stück Decke, als sie trocken war. Aber als sie dann feucht war, hieß es: ‚Trag schon auch du diese Decke!‘“*

Da immer fünf Personen aus einem Topf essen mussten, wies sie anfangs noch darauf hin, dass sie krank wäre, bis sie darauf aufmerksam gemacht wurde, solche Bemerkungen besser zu unterlassen, um nicht vielleicht am nächsten Tag schon verschwunden zu sein. *„Manchmal musste ich in der Nacht hinausgehen und ich sah, dass vor dem Krankenrevier ein großes Auto stand. Da wurden die Leichen hineingeschmissen, aber lebende Personen auch. Unter uns war eine Frau, eine friedliche Verrückte. Sie hat nichts angestellt, nur war die Arme nicht bei sich. Vielleicht ist sie dort verrückt geworden. Sie habe ich auch auf dem Wagen gesehen. Sie lebte noch und wusste nicht, was ihr passierte. Das alles habe ich dort gesehen, sogar menschliche Fackeln – Menschen, die nicht im Krematorium, sondern zu Pyramiden gestapelt im Freien verbrannt wurden. Sie waren fern, aber den Geruch hat man ständig wahrgenommen. Und in der Nacht habe ich die Flammen gesehen, wenn ich hinausging."*

Früh am Morgen und abends, also zweimal täglich, gab es einen Zählappell. Das bedeutete, die Frauen mussten sich vor dem Block in Fünferreihen aufstellen, um abgezählt zu werden. Zuerst zählte die slowakische Blockälteste, dann zählten die deutschen SS-Frauen, die einen Hund bei sich hatten. Wenn das Ergebnis um eine Person nicht stimmte, dann standen die Häftlinge des ganzen Lagers stundenlang dort, ob Frost, ob Regen, ob brennende Sonne. Vielen wurde dabei schlecht. Bei Kälte rückten sie zusammen, um sich gegenseitig mit ihren Körpern zu erwärmen, wenn gerade nicht bei ihnen gezählt wurde. Es kam auch vor, dass sie nach stundenlangem Appell, wenn die Zahlen immer noch nicht stimmten, zur Strafe knien mussten: ebenfalls stundenlang, mit erhobenen Armen. *„Wir knieten auf Steinen – ich weiß nicht, wie sie hießen. Das waren so kleine Steine. Es war schrecklich. Das Wenigste war, dass unsere Knie voll mit Wunden waren."*

Eine Verletzung am Fuß machte Ibolya Frisch zu schaffen. *„Wir hatten in Schuhen zu duschen. Meine neuen Schuhe gingen zugrunde und verursachten Wunden an meinem Fuß. Die Wunden infizierten sich und nach einer kurzen Zeit hatte ich einen Buckel am Fuß, der erst dann mit ärztlicher Hilfe geheilt wurde, als ich schon zu Hause war."* Aber auch die Sonne setzte ihr zu. Von der starken Sonnenstrahlung während des Appells waren ihre Beine oft voller Brandblasen.

Die slowakischen Blockältesten verhielten sich häufig sehr unfreundlich zu den ihnen unterstellten Ungarinnen. *„Eine von ihnen namens*

Babi, die Blockowa[3] von der Baracke Nr. 5, hat mir eine riesige Ohrfeige gegeben. Ich hatte auch dort meine Schwierigkeiten mit dem Kübel. Dort war ein Holzgestell und darunter ein Kübel. Wenn er voll war, musste ihn die Letzte, die ihn benutzte, zu einem Wagen tragen und den Inhalt hineinschütten. Fast immer hatte ich Durchfall und musste ständig und fortlaufend in der Nähe des Kübels sein. Einmal habe ich mich beschwert, dass ich gerade einen Kübel geleert hatte und dies jetzt nicht schon wieder tun wollte. So gab sie mir die Ohrfeige."

Am 24. September, „am zweiten Tag unseres Herbstfeiertages" – gemeint ist Rosch ha-Schana – fand eine Selektion statt. Im Lager hatte sich das Gerücht verbreitet, diese Selektion führe ins Gas. Die Verwandte holte Ibolya Frisch ins Essenkommando, welches nicht selektiert werden sollte. Aber viele andere versuchten ebenfalls, dort einen Unterschlupf zu finden. Also wurde erklärt, diejenigen, die nicht zu diesem Kommando gehörten, sollten sofort an ihre eigene Stelle zurückkehren. Andernfalls würde einfach eine Gruppe in der Stärke des Kommandos abgezählt und alle Übrigen müssten zur Selektion. *„Ich ging zurück. An meiner Stelle sollte niemand ins Gas gehen. Nicht wahr, man musste sich nackt ausziehen und vor Mengele vorbeigehen. Es gab einige, die deshalb nicht zur Selektion gingen, weil sie eine Wunde oder eine Narbe hatten. Eine Frau aus Kispest zum Beispiel hatte nur eine Brust. Sie war mit ihrer Tochter zusammen und wagte sich nicht zur Selektion. Die Tochter war in meinem Alter. Sie ist ebenfalls nicht hingegangen. Keine der beiden ist nach Hause gekommen. Ich ging zur Selektion und wurde für gut befunden. Es kommt, was kommen soll!"*

Diese Selektierten wurden aber nicht vergast. Sie wurden zum Duschen geführt, bekamen ein anderes Kleid, das nicht besser war als das alte, und wurden dann nach Bergen-Belsen transportiert. *„Bergen-Belsen war im Vergleich zu Auschwitz ein Wunder. Wir haben jede eine Schüssel bekommen. Das war wunderbar, dass nicht fünf Personen nacheinander aus einem Gefäß zu schlucken hatten. Das Essen in Auschwitz war furchtbar. Das war eigentlich kein Essen, die Suppe bestand aus Gras und Ästen, man kann nicht wissen, woraus noch. Weder Kartoffeln noch Fleisch waren darin. In Bergen-Belsen konnte man anfangs schon Spuren von Kartoffeln und Fleischfetzen entdecken. Wenigstens am Anfang. In Zelten war Stroh auf den Boden gestreut. Darauf schliefen wir. Es gab*

---

[3] Die von der SS eingesetzte Blockälteste.

keinen Zählappell. Für uns war das herrlich. Aber danach! Eine neue ‚Gesellschaft' von Aufseherinnen kam, Gott weiß woher. Alles begann von Neuem: die Zählappelle, die Strafen. Sogar über eine Dezimierung gingen Gerüchte um. Aus den Zelten wurden Teile herausgeschnitten, um daraus etwas herzustellen – ich habe keine Ahnung, was. Aber uns drohte man mit Folgen, weil die Zelte beschädigt waren. Und im Herbst wurde es so grimmig kalt, dass das Zelt, wenn wir erwachten, voll mit feuchtem Dunst war. Bis zum 1. November blieben wird dort."

Wegen ihres entzündeten Fußes konnte Iboyla Frisch in Bergen-Belsen nicht umhergehen. Auch der Arm und die Schulter taten ihr weh. Sie hatte ein kleines Handtuch erhalten, das sie über ihre Schulter legte, um diese zu erwärmen. Diejenigen, die sich im Lager umsahen, erzählten, manche getroffen zu haben, die darauf warteten, in die Schweiz zu kommen.[4] *„Wir dachten, es sei erforderlich, so schnell wie möglich von hier wegzukommen. In Auschwitz hatte uns einmal ein Mann zugeschrien: ‚Weg von hier; weg, wer kann, so früh wie möglich; nur weg von hier!' Dasselbe betraf nun auch Bergen-Belsen, weil man dort im Winter nicht bleiben konnte."* Eine Chance, aus diesem Lager wegzukommen, bot sich bei einer Selektion Ende Oktober 1944.

Bei Lampenschein saßen einige Personen an einem Tisch. Sie notierten Namen, Berufe, Geburtsdaten und Geburtsorte. Die Ausgewählten wurden Anfang November abtransportiert. In dem Wagon von Iboyla Frisch war es diesmal weniger eng. Gepäck hatten sie keines mehr. Nach wiederum längerer Fahrt traf sie in Duderstadt ein.

„Man hat uns sogleich auf unser Lagergelände gebracht. Unsere Schlafplätze erhielten wir noch nicht sofort, weil man uns zuerst zur Arbeit einteilte. Wer zusammen arbeitete, der wohnte auch zusammen. In Duderstadt gab es Stein- und Holzgebäude. Wir sind in das Steingebäude gekommen. Zuerst fragte man, wer deutsch sprechen kann. Wer sich meldete, ob man es konnte oder nicht, wurde für die Maschinen eingeteilt. Dort wurde in zwei Schichten gearbeitet, in einer Früh- und einer Nachtschicht. Es kam vor, dass man diejenigen, die in der Nachtschicht arbeiteten, auch bei Tage nicht schlafen ließ, sondern für sie eine Beschäftigung fand: Planieren oder dies und jenes zu schaffen. Die beiden jüngs-

---

[4] Die Kasztner-Gruppe: Dr. Rudolf Kasztner, einer der Führer der zionistischen Bewegung in Ungarn, organisierte den Freikauf einer Gruppe ungarischer Juden, die über Bergen-Belsen in die neutrale Schweiz ausreisen konnte.

*ten Mädchen wurden zum Küchendienst ausgewählt. Sie waren gegen 16,
wie ich mich erinnere. In der Küche arbeitete ein älteres SS-Ehepaar.
Neben denen arbeiteten die beiden Mädchen. Sie standen frühmorgens
auf und es ging ihnen doch verhältnismäßig gut, weil sie in der Küche
essen konnten. Vermutlich wollte man diesen Jungen damit helfen. Auch
wir haben einen guten Arbeitsplatz erhalten, weil wir nur in einer Schicht
eine Arbeit zu leisten hatten, die leicht genug war. Wir mussten stückwei-
se den Umfang und die inneren Abmessungen von Patronenhülsen kontrollieren. Eine jede Person prüfte eine andere Abmessung. "*

Heutiges Bild von der früheren Einfahrt zum Polte-Werk

Große Aufregung löste ein besonderer Vorfall aus. Während sich die
Gruppe der Prüferinnen beim Essen im Speisesaal aufhielt, wurden an
ihrem Arbeitsplatz alle Hülsen durcheinandergebracht. Wer dafür verantwortlich war, ob deutsche Arbeiterinnen, Aufseherinnen oder andere,
blieb verborgen. Die Ungarinnen zogen daraus die Lehre, in der Mittags-
pause kein fertig geprüftes Material zurückzulassen. War das nicht zu
vermeiden, bearbeiteten sie danach noch einmal alles neu. *„Irgendwer
wollte beweisen, dass wir sabotieren"*, so deutet Ibolya Frisch dieses

Ereignis, *„das war sehr aufregend und erzgefährlich."* Weiter erzählt sie: *„In der Fabrik wurde über uns verbreitet, dass wir Verwandte von Partisanen wären, damit niemand mit uns zu reden wagte. Wir aber haben versucht zu sprechen."* Jedoch konnten Kontakte zu Deutschen ebenfalls gefährliche Situationen herbeiführen. *„Einmal hat eine Arbeiterin einem Mädchen von uns ein Stück Brot gegeben. Das wurde entdeckt und verraten. Die Arbeiterin wagte dies nicht einzugestehen. Sie klagte das Mädchen an, das Stück Brot gestohlen zu haben. Daraus wurde ein so mächtiges Aufheben gemacht, dass man dem Mädchen die Haare wieder abschnitt. Zu dieser Zeit war das die größte Strafe, weil uns die Haare dann schon ein wenig zu wachsen begannen. Die Haare wurden ihr also abgeschnitten und sie wurde in eine andere Werkstätte verlegt. Und das ganze Lager wurde bestraft. Wir mussten Appell stehen und wurden abgezählt. Aber es war kein solch übertriebenes Ereignis wie in Auschwitz."*

Als schlimm empfand Ibolya Frisch die Winterkälte im Lager. Es fing an beim Wasser zum Waschen. Einmal wöchentlich gab es warmes Wasser. Davon habe sie aber kein einziges Mal etwas abbekommen. *„Es wurde mir ganz gewohnt, dass ich mich täglich mit kaltem Wasser gewaschen habe. Mit der Kati schlief ich in einem Bett und wir erwärmten uns gegenseitig. Wir hatten je eine Decke, mit denen haben wir uns zugedeckt. Jedes Zimmer erhielt jeden Tag einige Stücke Kohle, um bei der Rückkehr am Abend einzuheizen. Wir wohnten in einem großen steinernen Raum und die wenige Kohle konnte ihn nicht erwärmen. Gut war es, dass wir uns tagsüber in einem warmen Raum aufhielten. Es war viel wert, dass es im Werk warm war. Aber man musste erst bis dahin gelangen! In Holzschuhen, im Schnee! Es war ein kalter Winter mit viel Schnee. Und ich hatte einen kranken, dick geschwollenen Fuß! Der Schnee klebte an den Holzschuhen fest, und manchmal ging ich barfuß weiter, sonst wäre ich hinter der Gruppe zurückgeblieben. Auch in Duderstadt gab es solche Verhältnisse. Im Vergleich zu Auschwitz aber war das doch der Himmel. Sogar die Aufseherin sagte, dass ich mich morgen im Revier zu melden habe."*

Gemeint war das Krankenrevier im Lager. *„Der Name der Ärztin ist mir schon entfallen. Alina, die Tochter, war die Krankenschwester. Sie war ein sehr freundliches Mädchen. Die Ärztin besaß keine Medikamente und konnte folglich keine ausgeben, was auch immer uns fehlte. Ich lag öfter im Krankenrevier, wenn ich mit meinem Fuß nicht laufen konnte. Erstaunlicherweise war von der Schwellung nach einem Tag nichts mehr* zu sehen, wenn ich in die Wärme, in das Bett kam. Ich hatte immer Angst, dass man kontrollieren kommt und feststellt, dass ich überhaupt nicht krank bin, sondern nur simuliere. So schnell wie möglich verließ ich das Revier, denn man hat damit gedroht, dass man uns nach Buchenwald bringt. Davor hatte ich Angst.*

Im Krankenrevier erfuhr Ibolya Frisch auch einige Interna aus dem Bereich der Wachmannschaft. „Einmal hat uns die Ärztin im Spital erzählt, dass sie dessen verdächtigt wurde, eine schwangere Aufseherin ausgeschabt [also einen Schwangerschaftsabbruch vorgenommen] zu haben. Darauf stand die Todesstrafe. Sie konnte aber darauf hinweisen, dass das nicht ihr Fach war und dass sie auch nicht die erforderlichen Instrumente besaß. So rettete sie sich. Es hat nämlich eine Aufseherin mit dem Oberscharführer ein Verhältnis gehabt. Der Oberscharführer wurde auch versetzt. Wir bekamen einen anderen, der eben wild genug war. Zum Glück war der nicht mehr so lange bei uns. Der erste war noch zu erdulden.* Aber auch zu seiner Zeit sei es geschehen, dass geschossen wurde, wenn sich jemand an der Rübenmiete im Lager zu schaffen machte, zumindest in die Luft, um die „Diebinnen* wegzujagen.

Von den Ereignissen in Ungarn drang wenig, aber manches doch ins Lager. „Wir hatten in Duderstadt eine Kameradin aus Pest[5]. Sie erzählte uns zuerst, was in Pest nach dem Umsturz am 15. Oktober geschah. Sie war aus Pest über Bergen-Belsen zu uns gekommen.*

DEGOB-Protokoll der Aussage von Piri H., Budapest, am 4. Juli 1945:

„Vom Stadion in Kisok hat man uns weggeführt. Die Pfeilkreuzler haben uns durch die ganz Stadt gejagt. Wir mussten gehen, denn andernfalls haben sie uns erschossen. So viele sind auf dem Weg gestorben. Essen haben wir nicht bekommen. Wir haben gegessen, was wir uns von zu Hause mitgenommen hatten. Bei Hegyeshalom hat man uns der SS übergeben. Dort hat man uns in Wagons geladen, und nach vier Tagen sind wir nach Lanzberg [Landsberg?] gekommen. Das Wetter war schrecklich, es hat geregnet und geschneit. Wir haben nasse Kleider gehabt, und diese nassen Kleider sind auf unseren Körpern gefroren. In schrecklichem Zustand sind wir in die Ba-

---

[5] Der Teil Budapests auf dem linken Donauufer.

racken zurückgegangen. In 3 Wochen Dortsein haben wir nicht gearbeitet. Später hat man uns nach Bergen-Belsen gebracht. Da waren wir in Sommerkleidern. Und die SS hat uns nur geschlagen. Die tägliche Verpflegung war sehr schlecht: schwarze Suppe, 12 Dekagramm Brot. Unser ganzes Zimmer war voll mit Wanzen. Infolge dieser Wanzen ist eine Epidemie ausgebrochen und viele sind gestorben. Nach einem Monat wurden wir nach Duderstadt gebracht. Am Anfang haben wir in einer Fabrik gearbeitet, später habe ich eine Blutvergiftung bekommen und bin ins Spital gekommen, wo man mich vier Monate [4 Wochen?] behandelt hat. Im April hat man uns einwagoniert, und drei Wochen sind wir in den Wagons gewesen. Offiziell hat man uns nichts zu essen gegeben. Die Tschechen haben uns Brot und etwas in die Wagons hineingeworfen. So haben wir überlebt. Ende April sind wir in Theresienstadt angekommen. Anfang Mai haben die Russen uns befreit."
[Übersetzung: Helena Wild]

Eine andere Frau aus Pest traf Ibolya Frisch im Krankenrevier. Diese war von Gendarmen festgenommen worden, als sie ihren Sohn besuchen wollte. *„Das Kind war in einem Kloster, bei Nonnen, versteckt. Auch diese Frau wurde nach Auschwitz verschleppt und war die ganze Zeit bei uns. Ich wollte erzählen, dass diese Frau blind geworden ist. Sie konnte die Augen einfach nicht öffnen. Viele sagten, sie simuliere. Sie war die ganze Zeit im Revier. Die Ärztin erklärte das mit neurologischen Ursachen. Die SS-Leute versuchten, die Augen zu öffnen, ohne Erfolg. Bei dem Bombenangriff unterwegs sind ihre Augen aufgegangen."*

Die von Ibolya Frisch berichtete Begebenheit mit der zeitweise erblindeten Frau ist durch die Aussage einer anderen früheren Mitgefangenen verbürgt; unterschiedliche Erinnerungen gibt es nur bei der in diesem Fall nebensächlichen Frage, ob diese Budapesterin über Auschwitz und im November 1944 nach Duderstadt gelangt ist oder über Österreich und somit im Januar 1945.

Aus dem Interview mit Aviva D. 1996 in Israel:

„Auch in Duderstadt gab es ein ‚Schonungszimmer'. [...] Ich lernte dort eine Frau aus Budapest kennen. [...] Man fing sie, als sie mit einer Tasche unter dem Arm herumlief. So verdeckte sie den gelben

Stern. [...] Man fing sie also, als sie gerade ihre beiden Söhne besu-
chen wollte, die sie in ein christliches Kloster gesteckt hatte, ein ka-
tholisches, damit sie am Leben bleiben, als sie schon sah, was sich in
Ungarn abspielte. Man fing sie und steckte sie, vielleicht haben Sie
davon gehört, in einen Todesmarsch, der von Budapest nach Wien
führte – zu Fuß. [...] Irgendwie kamen einige von ihnen nach Bergen-
Belsen, und anschließen kam sie als Arbeiterin nach Duderstadt.
[...] Dann hatte sie einen epileptischen Anfall. Sie fiel hin, ihre bei-
den Augen schlossen sich und sie konnte sie nicht mehr öffnen. Man
brachte sie zu dieser ‚Schonung‘. Sie wusste, wann Tag und wann
Nacht war, das spürte sie. Doch ihre Augen konnte sie nicht öffnen.
Doch konnte sie mit den geschlossenen Augen arbeiten und stricken.
Sie strickte für die SS-Männer Pullover – mit geschlossenen Augen.
Das hat sie gerettet. Man behielt sie im Arbeitslager und brachte sie
nicht zur Vernichtung. [...] Es schien, als habe unser Wagon den Teil
einer Bombe abbekommen. Ein Holz vom Dach fiel der Frau auf den
Kopf, die ich bisher gepflegt hatte. Plötzlich rief sie mir zu, sie rief
meinen ungarischen Namen. Magda, Magdalena – ‚Magda, ich se-
he!‘“
[Interview: Dov Gedi; Archiv: Yad Vashem; Übersetzung: Uriel
Kashi.]

Essen für die Häftlinge, so Ibolya Frisch, gab es in einer Kantine des
Polte-Werks. Jeden Mittag beziehungsweise um Mitternacht führte man
die arbeitende Schicht dorthin. *„Die ursprüngliche Vorstellung war, dass*
wir uns zum Mittagessen setzen. Die Zeit dazu war jedoch zu kurz und
dabei war das Essen ungemein heiß. Es gab sogar einige, die das Essen
stehen gelassen haben, weil sie nicht imstande waren, so Heißes zu essen.
Die Stühle hat man dann an einem Ende des Saales gestapelt.

Einmal hat sich ein Vogel zwischen die Stühle verirrt und ist dort
herumgeflattert. Ein SS-Soldat fing den Vogel und schlug ihn zu Boden.
Das war für eine jede von uns ein entsetzliches Gefühl, dass auch wir so
in ihren Händen sind und sie mit uns ebenfalls das machen, was sie wol-
len. Und dazu hat angeblich dieser SS-Soldat, ein Kerl aus der Batschka‘,
ungarisch gesprochen, aber nicht vor uns. Man hat uns nur darauf auf-
merksam gemacht, dass wir vor ihm nicht ungarisch sprechen sollen, weil
er das versteht.“

Manchmal hatten die gefangenen Frauen Kontakt zu Ausländern. *„In*

Duderstadt geschah es, dass eine Männergruppe über den Werkshof ging. Ich denke, das waren englische oder französische Kriegsgefangene, ich weiß es nicht genau. Die waren sehr freundlich zu uns, was uns einen kleinen Schwung gab. Einmal sogar, noch in Auschwitz, steckte mir ein Grieche einen Löffel in die Hand. Beim nächsten Bad aber verschwand der Löffel, weil wir dorthin, wo wir uns auskleideten, nie zurückgingen. So hatte ich nie mehr einen Löffel."

Am Sonntagnachmittag hatten die KZ-Häftlinge in Duderstadt „*frei*", sie mussten also nicht arbeiten und verbrachten die Zeit im Lager. „*Es war unter uns ein Zwillingspaar, Erwachsene aus Erzsébet, und auch ihre ältere Schwester war bei ihnen. Die konnten aus ihrem Leben interessante Geschichten erzählen. Wir setzten uns auf die Pritschen oben und hörten ihnen zu.*"

Vor Ostern 1945, so erzählt Ibolya Frisch, wurde im Werk ein großes Reinemachen veranstaltet. Alles, auch die Leitungen, wurde abgestaubt. Danach kehrten die Ungarinnen nie mehr dorthin zurück, denn die Front näherte sich und die Evakuierung des Lagers begann. „*Ein Lastwagen voll wurde immer gesammelt und abtransportiert. Wir wussten nicht, wohin. Wer hätte uns doch gesagt, wohin man uns schleppt? Wir wussten nicht, ob in den Tod oder ins Leben. Wir entschlossen uns also, dass – weil wer Zeit gewinnt, das Leben gewinnt – wir nicht gehen, solange wir nicht unbedingt müssen. So sind wir der letzte Transport gewesen. Damals habe ich mit der Schnalle von einem Leibgurt einen Schlag bekommen, dass mein Schädel fast ein Loch bekam. Wir gingen also weg, weil man musste, es war nichts anderes möglich. Es war schon spät abends. Als wir zum Wagen gingen, um einzusteigen, haben wir die Mündungsfeuer der Kanonen gesehen. Sonst war es stockfinster, Lampen brannten nicht. Manchmal sind wir stehen geblieben, dann fuhren wir weiter. Schließlich erreichten wir die Scheune, in der die anderen waren. Sie hatten schon seit zwei Tagen nichts zu essen bekommen. Wir hingegen konnten uns zumindest die mitgebrachten Futterrüben auf dem kleinen Ofen braten, den es dort gab.*"

Ibolya Frisch berichtet weiter, dass sie dann wieder für drei Wochen einwagoniert wurden, ohne jedwede Verpflegung. „*Von Zeit zu Zeit ließ man uns hinaus, um das Notwendige zu erledigen und etwas Gras zum Essen zu sammeln. Immer ist der Zug mit uns auf offener Strecke stehen geblieben. Damals habe ich in meinem Leben zum ersten Mal Sauerampfer gesehen, den wir gegessen haben. Schließlich sind wir in die Tsche-*

choslowakei gekommen. Natürlich wussten wir das nicht, es fiel uns nur auf, dass die Einwohner mit einem Korb Kartoffeln oder mit Brot erschienen. Ein Korb und so viele Menschen! Alle sind hingerannt, die Hälfte wurde zusammengetrampelt. Ich habe nie etwas erwischt. Einige haben hineingegriffen, sogar die SS-Leute nahmen sich ihre Portion weg, weil auch sie angeblich schon nichts mehr hatten.

Ende April sind wir auf einem Bahnhof angekommen. Wer weiß, wo? Jedenfalls in der Nähe von Theresienstadt. Aber so nahe doch wieder nicht, weil es sich später herausgestellt hat, dass wir noch einen vollen Tag zu marschieren hatten, bis wir Theresienstadt erreichten. Aber unser ‚Marschieren‘ war auch nicht schnell.

In der Zwischenzeit erlebten wir einen Fliegerangriff, eine Bombardierung, dass in unserem Nachbarwaggon die Gehirne an das Dach spritzten. Damals war noch eine Mutter mit ihren beiden Töchtern unter uns. Die Mutter und eine ihrer Töchter sind gestorben, das andere Mädchen ist am Leben geblieben. Erst nach dem Bombardement hat man die Türen der Waggons geöffnet. Dann wurden wir hinausgetrieben und eben auf den Weg nach Theresienstadt gebracht. Aber wohin es ging, wussten wir da auch noch nicht.

Ich wagte nicht, mich unterwegs zu setzen, auch wenn wir eine Rast hielten, weil ich dann nicht mehr hätte aufstehen können. Manchmal konnte ich nur weiter kommen, wenn mich eine von hinten schob und eine andere von vorne zog.

Und als man uns da nach Theresienstadt trieb, ist wieder die Bevölkerung gekommen und hat uns Lebensmittel gebracht. Und obschon ich nie zu einer Kartoffel oder zu einem Stück Brot gekommen bin, kann ich es ihnen nicht vergessen. Sie brachten das Essen, legten alles auf den Boden, man ist hingerannt und viele hatten etwas davon.“

Der Bereich von Theresienstadt, in den Ibolya Frisch kam, hieß Südberg. Sie meldete sich als Kranke. Bei der ärztlichen Untersuchung wurde ihr gesagt, dass sich jetzt das Rote Kreuz um sie kümmere, sie könne sich beruhigen. Dann fiel sie in Ohnmacht. *„Als ich aufwachte, lag ich in einem schönen reinen Bett, in einem schönen Nachthemd, und die Ärzte standen um mich herum. Ich weiß schon nicht, ob es Frauen oder Männer waren und wie viele. Einige Tage lang lag ich dort, in diesem Haus im Erdgeschoss. Meine Freundinnen klopften an mein Fenster und meldeten, dass die Russen schon hier sind. Ich antwortete: ‚Ich glaube das nur, wenn ich es mit meinen eigenen Augen sehe. Mir könnt ihr sagen, was ihr* *wollt!' Auf einmal klopfte es wieder an mein Fenster, und dort stand eine von meinen Freundinnen mit einem russischen Soldaten. Sie hatte ihn zu meinem Fenster geschleppt, damit ich mich von der Wahrheit überzeugen konnte. So wurde ich befreit! So wurde ich befreit!"*

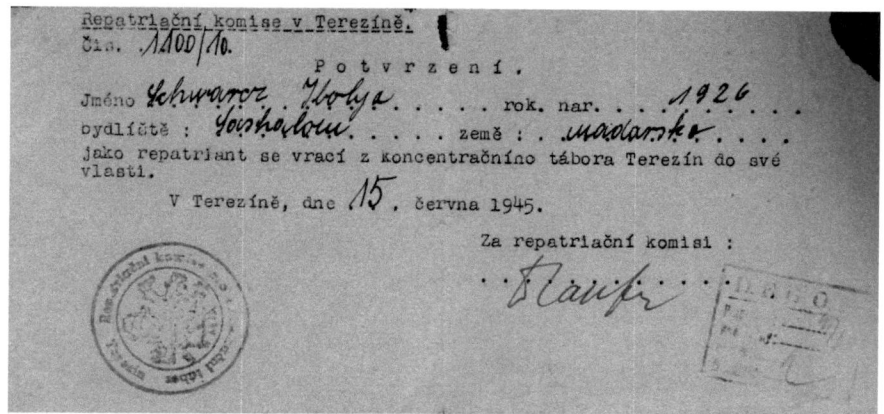

Entlassungspapier aus Theresienstadt

In einem Spitalzug wurde Ibolya Frisch nach Budapest transportiert. *„Da wurde ich auf einen Pferdewagen gelegt und in die Vass-Straße gebracht. Eine ehemalige Schule funktionierte jetzt als Spital. Als wir ankamen, war es Samstag. Auf dem Weg in das Spital sah ich Pest. Überall durch Luftangriffe zerstört, aber ich sah doch Pest. Sogar daran erinnere ich mich, dass wir Scholet[6] zum Mittagessen bekamen. Niedergelegt wurden wir im großen Turnsaal. Bis ich an die Reihe kam mit der Desinfizierung, war es schon späte Nacht. Danach wurde ich in einen anderen Saal gebracht.*

Die Schwester von einem Mädchen, das mit mir dort lag, bat ich, meine Tanten zu besuchen, um zu erfahren, ob sie lebten. Meine Tanten wohnten in Pest. Mein Cousin kam am Nachmittag und sagte, dass er seiner Mutter nicht zu erzählen gewagt hatte, dass ich zu Hause bin, weil die Tante Kinokarten für den Nachmittag gehabt hat und dann würde sie nicht ins Kino gehen. Ich war tief beleidigt, dass die da ins Kino gehen, wenn sie keine Ahnung davon haben, ob wir überhaupt leben.

---

[6] Traditionelles Bohnengericht zum Sabbat.

Alle, die mich befragten, fragten nach meiner Mutter. Ich musste also erzählen ... Ja, darüber habe ich noch nicht gesprochen, aber die Wahrheit ist, dass ich es auch nicht konnte und nicht wagte, darüber zu sprechen, dass man uns in Auschwitz schon am zweiten Tag gesagt hat, dass wir keine Eltern mehr haben. Dass sie schon im Gas, im Kessel, im Rauch und wo nur überall sind. Nur wir wollten es nicht glauben. Auch ich nicht.

Die ganze Zeit lang habe ich das Problem gehabt, dass es mir lieb wäre, wenn meine Mutter wüsste, dass ich da bin. Und wenn ich sie nicht sehe, sie mindestens mich sehen könnte. Das war mein ständiges Problem. Bis ich jedoch nach Hause kam, wusste ich schon, was geschehen war. Und trotzdem ging ich zum Bethlenplatz, um zu erfahren, ob ihr Name nicht doch ausgeschrieben ist unter denen, die unterwegs sind oder weiß ich was. Da habe ich mich mit mehreren getroffen."

Der Vater befand sich zu dieser Zeit in russischer Gefangenschaft.

Karte des Vaters aus der Gefangenschaft

„Aber alle, die ihn kannten, sagten, dass er nicht mehr leben könne, weil er schon in Pest zurück war, als die Stadt von den Russen umzingelt wurde. Und dann könnte er nur [von den Pfeilkreuzlern erschossen] *in der Donau sein. Ich hingegen sagte, er müsste leben, weil er ein sehr geschickter Mensch war. Man antwortete mir, dass, je geschickter je-*

mand wäre, desto schneller geriete er in Verlegenheit. Am Ende traf aber der Brief ein. So war das. Ich kam dann wieder in das Sanatorium nach Budakeszi. Schließlich hat mich mein Vater dort im Sanatorium gefunden."

Der Vater brachte die eine Wohnung des Hauses in Sashalom in Ordnung, nachdem ein früherer Nachbar, der inzwischen dort wohnte, ohne Schwierigkeiten zu machen ausgezogen war. Beide, Vater und Tochter, zogen dann dort ein. Der Vater begann zu arbeiten, sie war noch jahrelang krank. Manchmal ging es ihr besser, dann wieder schlechter. 1949 begann auch sie zu arbeiten, aber nicht als Näherin, sondern in der Buchhaltung. Sie besuchte Kurse, wurde eine bilanzfähige Buchhalterin und stieg zur Abteilungsleiterin auf.

1950 lernte sie ihren Mann kennen. Er war im Arbeitsdienst in Transsylvanien gewesen, dann setzte man ihn an der russischen Front ein und brachte ihn schließlich nach Deutschland. Mit einem Befehl, den er gefälscht hatte, kehrte er zurück.

1953 kam ihr Sohn auf die Welt. *"Ich muss noch erzählen, als ich meinen Sohn erblickte, seit ich ihn in die Hand genommen habe, gab es keinen einzigen Tag, an dem es mir nicht eingefallen wäre, was mit solchen Kindern getan wurde. Keinen solchen Tag gab es. Auch noch bei meinen Enkelkindern war es so, obwohl die 1985 und 1988 geboren wurden.*

Noch in Auschwitz ist mir durch die Kinder bewusst geworden, wo ich eigentlich war und dass meine Mutter nicht leben kann. Ich dachte an die kleinen Kinder, die ja nicht wussten, wer sie sind und die einfach nur umgebracht wurden. So wurde mein Gehirn klar, um zu erkennen, was uns eigentlich angetan wurde."

35

Ihr Mann starb im Alter von 58 Jahren auf der Straße vor dem Plattenbau, in dem Ibolya Frisch heute noch lebt.

Zweimal war sie mit ihm in Deutschland gewesen, einmal in der Sächsischen Schweiz und einmal in Berlin, zum Schachspielen, denn er war ein leidenschaftlicher Schachspieler. Auch nach Duderstadt war sie 1994 auf Einladung gekommen. Aber die Geschichte ihrer Deportation nach Deutschland zusammenhängend zu erzählen, schaffte sie erstmals in diesem Interview 2008. *„Übrigens, bei unserem 60. Jahrestag hat man mich auch hier gebeten, in Schulen Vorträge zu halten, aber ich bin nicht imstande, darüber und über meine Mutter zu reden. Jahrelang, wenn ich nur daran gedacht habe, wurde mir übel ... Ich wagte es nicht, bis zu Ende zu denken, was ihr passierte. Ich konnte darüber nicht sprechen. Sogar meinen Enkelkindern kann ich es nicht erzählen. Also, deshalb sage ich, dass sie es mindestens aus der Video-Aufnahme erfahren werden. Das wird sehr gut sein, je mehr junge Leute das hören.“*

Katalin Forgács:

„Jetzt im Alter kehrt das wieder zurück. Es vergeht kein Tag, an dem ich nicht daran denke"

Zu Beginn des Gesprächs über ihr Leben – das in deutscher Sprache geführt wird[7] – sucht Katalin Forgács, geborene Fischer, in einer Liste der Neuzugänge des Konzentrationslagers Buchenwald, nämlich des Außenkommandos Duderstadt im Jahr 1944[8], nach ihrem Namen und dem ihrer Mutter. Der eigene ist unter den 750 alphabetisch geordneten Eintragungen schnell gefunden und gezeigt, aber dann gleitet der Finger unsicher und zögernd über das Papier. Zwar steht dort dreimal Margit Fischer, so wie ihre Mutter hieß, aber weder der Familienstand noch die angegebenen Geburtsdaten treffen zu. 1906 steht dort, 1922 und 1927, aber nicht 1900. Die Deutung ist naheliegend: Die Mutter hat 1906 als falsches Geburtsdatum angegeben, hat sich für jünger erklärt, um bei der Selektion durch die SS als arbeitsfähig eingestuft zu werden und so ihr Leben zu retten.

Katalin Forgács, 7 Jahre alt

Margit Fischer stammte aus Debrecen. Mit ihrem Mann, einem Zahnarzt, lebte sie in Nyiregyháza in Ungarn. Dort wurde die Tochter Katalin am 8. April 1926 als einziges Kind des Ehepaars geboren. An ihren Vater kann sich Katalin Forgács nicht mehr erinnern; sie war erst dreieinhalb Jahre alt, als er starb.

Die junge Witwe zog mit ihrer Tochter nach Debrecen zurück, zu den Eltern. Vier Jahre später heiratete sie zum zweiten Male: den Geschäftsmann Lajos Fischer aus Miskolc. „Er war ein sehr guter Mensch. Ich habe ihn sehr gerne gehabt. Wir besaßen ein

---

[7] Es war vereinbart, dass Katalin Forgács, wenn sie etwas in Deutsch nicht auszudrücken vermöge, ungarisch sprechen könne und dies später übersetzt werde. Sprachliche Fehler wurden im Folgenden bereinigt.

[8] Archive der Mahn- und Gedenkstätte Buchenwald und der Gedenkstätte Bergen-Belsen.

großes Geschäft und führten ein sehr schönes Leben in bürgerlichem Wohlstand. Aber leider war er sehr viel älter als meine Mutter und in Auschwitz musste er auf die linke Seite gehen. Da wussten wir noch nicht, was mit uns geschehen wird. Ich blieb mit meiner Mutter zusammen." In Auschwitz bei der Selektion auf die linke Seite gewiesen zu werden, hieß, für die unmittelbar folgende Ermordung in der Gaskammer bestimmt zu sein.

Die Fischers gehörten zu den weitgehend assimilierten jüdischen Familien in Ungarn. *„Wenn die großen Feste waren, dann sind wir in die Synagoge gegangen. Sonst nicht. Und unser Haushalt war wie bei dir, also nicht koscher, absolut nicht. So waren wir moderne gute Juden. Aber modern."*

Jedoch als die Tochter, die keine Geschwister mehr bekam, einen *„christlichen"* Freund hatte, mischte sich der Stiefvater ein, obwohl es eine ganz harmlose Angelegenheit war. *„Von der Schule sind wir nach Hause gegangen. Nur auf der Straße. Mein Vater hat es vom Geschäft aus gesehen und hat zu mir gesagt: ‚Das darfst du nicht noch einmal tun. Ich will dich nicht noch einmal mit diesem jungen Mann sehen.'"* Grund dafür war einzig die nichtjüdische Herkunft des Jugendlichen.

Als Katalin Forgács drei oder vier Jahre alt war, in Debrecen, bekam sie ein Kindermädchen, der Sprache wegen eine Deutsche. *„Ein gebildeter Mensch hat Deutsch zu kennen gehabt."* Das Lernen von Sprachen wurde in der Familie überhaupt als ganz wichtig angesehen. Deshalb lernte sie auch acht Jahre Französisch und vier Jahre Englisch. Nach dem Abitur sollte sie, dem Wunsch der Mutter entsprechend, auf eine französische Hochschule in Budapest gehen. *„Aber leider ist mir das nicht gelungen, stattdessen bin ich nach Auschwitz gefahren."*

In Miskolc besuchte das Mädchen eine jüdische Grundschule und später ein staatliches Gymnasium. Mit zwölf, dreizehn Jahren ging sie zu einer Tanzschule, mit achtzehn dann noch einmal. *„In der Wohnung haben wir Gesellschaftsspiele gespielt und getanzt, Ausflüge wurden unternommen. Es war eine schöne Jugendzeit."*

Vom Antisemitismus in Ungarn hat Katalin Forgács wenig gespürt und unter den ungarischen Judengesetzen nicht zu leiden gehabt. Die Lehrer des Gymnasiums äußerten sich nie judenfeindlich. Nur an einen Konflikt im Geschäft des Vaters erinnert sie sich. Dort arbeiteten Juden und Nichtjuden zusammen. *„Und einmal ist ein junger Mann in das Geschäft gekommen und hat hier* [sie zeigt auf ein imaginäres linkes An-

zugs-Revers] *ein Hakenkreuz gehabt. Mein Vater hat zu ihm gesagt: ‚So-*
lange du mein Angestellter bist und mein Brot isst, darfst du das nicht
dort tragen.' Und
da hat er es abge-
nommen."

Genau erinnert
sich Katalin
Forgács noch an
den 19. März 1944,
den Tag der Beset-
zung Ungarns
durch die Wehr-
macht. *"Es war ein*
Sonntag. Ich ging
mit vier jungen
Leuten, zwei Bur-
schen und zwei
Mädchen, in einem
Park spazieren.
Wir hörten Flug-
zeuge oben, so
stark und so tief hat
das gebrummt.
Aber wir wussten
nicht, dass Krieg
war. Auf dem
Heimweg war am
Theater ausge-
schrieben, dass die
Abendvorstellung

Katalin Forgács im Alter von 16 Jahren

ausfällt. Zu Hause
wusste mein Vater
es schon. Ein Freund aus Miskolc hatte ihn angerufen. Seine Tochter
hatte noch rechtzeitig aus Budapest nach Hause kommen können. So
habe ich es erfahren. Von dieser Uhrzeit an, das war am Vormittag um
elf oder zwölf Uhr, konnte ich zwei Wochen lang nichts essen. In mir war
eine schreckliche Angst."

Katalin Forgács gibt an, gewusst zu haben, was in Deutschland und

was in Polen passierte. *„Nur waren wir nicht gescheit genug, uns zu retten. Es ist nicht schwer, vierzig Jahre später gescheit zu sein. Aber ich
frage mich immer: Warum sind wir nicht weggegangen? Viel Geld musste man dazu haben. Aber wir hatten Geld. Ich wusste nicht, wie viel es
war. In meiner Jugend wusste ich nicht, wie viel Geld wir hatten. Das
war kein Thema bei uns. Jetzt, wo ich alt bin, weiß ich schon, dass eine
Rettung möglich gewesen wäre, wenn wir anderswohin geflüchtet wären.
Aber das ist nicht geschehen. Und so sind von meiner Familie fast alle
umgekommen. Gott sei Dank, meine Mutter ist mit mir zurückgekehrt."*

Die Abiturprüfung wurde wegen der Besetzung durch die Deutschen
vorverlegt. Zur Schule musste Katalin Forgács da schon mit dem Judenstern gehen. Eine nichtjüdische Freundin begleitete sie, weil sie sich
fürchtete. Der Mathematiklehrer forderte sie auf, die Jacke mit dem gelben Stern auszuziehen. *„Er wollte nicht, dass ich maturieren soll mit dem
Stern. Und als ich nach Hause gekommen bin von der Deportation, habe
ich mich mit dem Herrn Professor getroffen und er hat mich umarmt.
Und so haben wir getanzt. Er war so glücklich, dass ich nach Hause gekommen bin. Das ist eine wunderschöne Erinnerung."*

Der Besetzung Ungarns durch die Wehrmacht folgte bald die Enteignung des jüdischen Besitzes. Das Geschäft des Vaters wurde geschlossen.
Alle Wertsachen mussten einer Bank übergeben werden. Die Familie
wurde gezwungen, die Wohnung zu verlassen und in ein Ghetto zu ziehen. Der Vater hatte Verwandte in dem zum Ghetto bestimmten Bezirk.
Bei denen lebten sie, drei Familien in einer kleinen Wohnung. Die Kinder
schliefen auf Matratzen auf dem Fußboden, die Eltern in einem Bett.
*„Und wir haben gedacht, das wird so bleiben. Aber es ist nicht so geblie-
ben."* Ungefähr drei Wochen währte der Aufenthalt im Ghetto.

In dieser Zeit wurden die Männer, von denen man annahm, dass sie
noch über Geld, Gold oder andere Wertgegenstände verfügten, durch die
ungarische Gestapo verhört und gefoltert. *„Man hat den Vater auf die
Fußsohlen geschlagen. Aber er hat nicht angegeben, wo unser Gold ist.
Darauf drohten sie: ‚Dann rufen wir Ihre Frau!' Das wollte mein Vater
nicht, und er hat gesagt, wo das ist, was wir nicht der Bank übergeben
hatten. Als wir nach der Deportation nach Hause gekommen sind, war
alles weg."*

Die Drangsalierung der Juden in Miskolc wurde weiter verstärkt. *„Eines schönen Tages hat man uns gesagt, wir sollten auf eigene Kosten
einen Wagen mieten, weil wir in die Ziegelei gehen müssen."* An dieser

Stelle verfällt Katalin Forgács ins Ungarische: *„És még elmondom azt is, hogy a magyar Gestapo azt is elrendelte, hogy a nöket nézzék meg nögyógyászatilag, hogy nincs-e eldugva bizonyos helyen valami.* [Die ungarische Gestapo verordnete bei den Frauen eine gynäkologische Untersuchung, um festzustellen, ob an gewisser Stelle nicht etwas verborgen ist, Brillanten oder Wertsachen.] – Hast du das verstanden?"*, fragt sie wieder auf Deutsch. – „*Kein Wort!*" – Sie fährt fort: *„In dieser Straße wohnten einfache Leute, die weinend zusahen, als man uns in die Ziegelei gebracht hat."*

In der Ziegelei wurden die Juden aus Miskolc in Güterwagons verladen. *„So 70, 80 Personen ungefähr, Alte, Junge, in einen Wagen. Zwei Eimer mit Wasser gab es und ein kleines rechteckiges Fenster. Aus dem Fenster haben wir hinausgeschaut. Einer kleiner Wald war zu sehen. Und meine Mutter hat gesagt: ‚Mein Gott, wie gut wäre es, dort zu leben in diesem Wald.'"*

Sie wussten nicht, wohin sie gefahren wurden. *„Einige haben gemeint, dass wir in der Landwirtschaft arbeiten werden. Aber das war nicht wahr. Und einmal, als der Zug stand, es war ungefähr Vormittag, sind junge polnische Männer eingestiegen und haben auf Deutsch gerufen: ‚Jung bleiben, jung bleiben, jung bleiben!' Wir haben nicht verstanden, warum sie das sagten. Und wir hatten dort etwas Gepäck. Alles hat man weggenommen. ‚Ihr werdet das zurückbekommen.' Sie wollten nur, dass wir ein bisschen ruhiger sein sollten. Wir wussten nicht, wo wir sind. Das haben wir gesehen, das ist Polen. Aber dieser Name? Es war ausgeschrieben: Auschwitz. Das hat mir nichts gesagt, dieses Wort."*

Sie mussten den Wagon verlassen. *„Man hat uns aufgestellt. Und der Herr Mengele war dort. Da wusste ich noch nicht, wer der Herr Mengele ist. Das erfuhr ich später.* [Sie zeigt von links nach rechts:] *Hier war mein Vater, hier in der Mitte war ich, und da war meine Mutter.* [Sie zeigt vor sich:] *Und hier steht Mengele. Zu meinem Vater hat er gesagt: ‚Nach links!', und zu uns beiden zusammen: ‚Nach rechts!' Und mein Vater hat mir noch zugewinkt. Seine letzten Worte waren: ‚Wir werden uns treffen.'*

Dann sind wir ins Bad gegangen. Alles musste man ausziehen. Warmes Wasser ist gekommen. Nachher oder vorher hat man unsere Haare abgeschnitten, überall, wo Haare waren. Und meine Mutter und ich haben uns an den Händen gehalten. Ohne Kleider, ohne Haare, ohne nichts, wir haben gefürchtet, dass wir uns verlieren werden. Und nachher hat

42

man uns ein Kleid – sagen wir: ein elegantes Kleid – gegeben. Und dann marschierten wir nach Birkenau. Wir sind ungefähr zwei Kilometer gegangen. Auf der rechten und auf der linken Seite war das Lager. Wir haben viele Leute gesehen, auch Kinder, ohne Haare, ebenso wie wir. Vielleicht waren es Polen, vielleicht Zigeuner, ich weiß es nicht. Und dann sind wir angekommen: Lager B II, dritter Block. Die Blockälteste war ein jüdisches Mädchen. Sie war schon einige Jahre dort, ich weiß nicht wie viele. Und sie war schlecht zu uns. Sie hat gesagt: ,Ihr habt zu Hause getanzt, und wir haben Auschwitz gebaut.'"

Katalin Forgács holt ein Glas Wasser: *"Das ist schwer für mich, so intensiv zu sprechen."* Dann fährt sie fort: *"In der Baracke war überhaupt gar nichts. Diese Blocks, dieses Lager B II war noch nicht fertig. Das Gebäude war fertig, aber ganz leer ist es gewesen. Auf dem Boden haben wir geschlafen und gesessen."* Zum Zählappell morgens um fünf Uhr mussten sie nach draußen. Kalt war es um diese Zeit. Sie wärmten sich gegenseitig mit ihren Körpern. Es gab etwas zu trinken, das Tee genannt wurde, schwarz oder dunkel, als sei es von Baumrinde. *"Vom zweiten Tag an waren schon fünf Personen in einer Fünferreihe. Eine Schüssel hat man uns gegeben für die fünf Personen. Daraus haben wir getrunken. Ich weiß es nicht, aber es ist meine Überzeugung, dass in diesem Tee etwas war, das uns beruhigen sollte. Das konnte man nur aushalten, wenn es etwas gab, um ruhig zu machen."*[9]

Katalin Forgács erzählt weiter über den Alltag in Auschwitz. *"Am Abend hat man Essen in Kübeln gebracht. Das war wie für ein Tier. Lange Zeit konnten meine Mutter und ich davon nicht essen. Abends haben wir auch ein wenig Brot bekommen, mit Margarine – so wenig. Die Margarine haben wir auf die Schuhe gegeben. Das waren noch unsere eigenen Schuhe, die uns für einige Zeit geblieben sind.*

---

[9] Wir gingen in dem Gespräch dieser Überlegung nicht weiter nach. Die Beimischung einer Droge zum Tee in Auschwitz, über welche Katalin Forgács hier nachdenkt, ist nicht nachgewiesen. Dennoch war die Beobachtung des Phänomens wohl zutreffend. Das auf Dauer wirkende „Beruhigungsmittel" war vermutlich der Hunger. Hunger führt bei fortschreitendem Gewichtsverlust zu psychische Veränderungen. Er bewirkt unter anderem Apathie und alle Reaktionen verlangsamen sich. Siehe dazu Zdzislaw Ryn und Stanislaw Klodzinski: Zur Psychopathologie von Hunger und Hungererleben im Konzentrationslager. In: Die Auschwitz-Hefte, Band 2, S. 113, 2. Auflage, Hamburg 1995.

Gearbeitet haben wir in Auschwitz nicht. Es war ein Platz hinter der Baracke, dort haben wir miteinander gesprochen. Und wir warteten darauf, wann etwas geschehen wird. Und jeden Tag, jeden Morgen und jeden Abend, war Zählappell.

Und einmal in der Woche haben wir etwas Wasser bekommen, damit wir uns ein wenig, ohne Seife und nichts, waschen konnten. Wir haben Glück gehabt, weil es neben unserer Baracke ein kleines Wasser gab. Und da habe ich, als die Jüngste in der Fünferreihe, in der Schüssel Wasser zum Waschen geholt. Und zuerst hat sich meine Mutter oben gewaschen, dann ich und dann die drei anderen. Dann unten, zuerst meine Mutter, dann ich und dann die anderen drei. Wir haben es so gemacht, dass die Deutschen es nicht sehen sollten. Aber ich meine, sie haben es gesehen und haben es gelassen, weil es nicht gut ist, wenn man sich nicht wäscht.“

Vom Lager aus konnte man die Krematorien mit den Schornsteinen sehen. Katalin Forgács erklärt, sie habe damals in Birkenau nicht gewusst, dass man dort Menschen mit Gas ermordete. Das habe sie erst erfahren, als sie wieder nach Hause gekommen sei. *„Aber ich habe eine Freundin. Ihr Bruder war im Sonderkommando. Und meine Freundin war dort, wo man die Kleider sortierte. Und das Sonderkommando und das Kommando meiner Freundin und ihrer Mutter haben sich in der Früh getroffen. Ein kleines Papier konnte er ihr geben. Darauf war geschrieben: ‚Ich lebe noch zwei Monate.‘*[10] *Sie wusste das. Aber wir wussten es gar nicht. Wir waren nicht ganz normal.“*

Aber sie bemerkten, dass die Überlebenschancen im Lager schlecht waren. *„So ungefähr im September hat meine Mutter gesagt: ‚Wenn wir uns umschauen, dann können wir sehen, dass die Leute hier sich nicht in guter Kondition befinden. Wenn es einen Transport gibt, sollten wir gehen.‘“* In einen solchen Transport weg von Auschwitz zu gelangen, hatten sie bis dahin vermieden, weil sie befürchteten, getrennt zu werden. Aber nun wagten sie den Versuch. *„Und Herr Mengele hat mich durchgelassen und die Mutter nicht. Sie hat hier am Bauch eine kleine Krätze*[11] *gehabt. Darum hat er sie zurückgeschickt.“* Aber die Mutter gab nicht auf, sondern ging dorthin, wo das Brot für den Transport in Tüchern be-

---

[10] Die Angehörigen des Sonderkommandos wurden in bestimmten Zeitabständen liquidiert.

[11] Ekzem, hervorgerufen durch die Krätzmilbe.

reitlag. Und sie trug Brot zu den Selektierten und mischte sich unter sie. *„Sie war nie geschickt. Gott hat ihr Stärke gegeben. So sind wir zusammengeblieben ganz bis zum Ende. Wenn sie dort in Auschwitz allein bleibt, dann kommt sie nicht zurück, und wenn ich allein bleibe, ich komme auch nicht zurück. Wir mussten zusammenbleiben."*

Eine Nacht verbrachten sie wohl noch in Auschwitz und wurden dann einwagoniert. Die Fahrt nach Bergen-Belsen dauerte mehrere Tage. Auf dem Weg vor dem Lager bemerkte sie Schilder mit der Aufschrift „Schießplatz". Sie dachte, man hätte sie doch auch in Auschwitz erschießen können. *„Aber dann wurde ich ruhig. Wir sind in Bergen-Belsen angekommen. Und das war für uns ein Sanatorium – nach Auschwitz. Wir waren in einem Zelt, dort haben wir gut gelegen und etwas besseres Essen bekommen, damit wir arbeiten können. Wir waren sehr schwach. Einmal gab es etwas, das hieß Brotsuppe. Und das war so fein, dass meine Mutter gesagt hat: ‚Zu Hause werde ich auch Brotsuppe kochen.' Natürlich hat sie das nie gekocht. Aber für uns war es damals sehr gut."*

Sie schliefen auf Stroh, mit einer Decke. Morgens und abends gab es einen Zählappell, aber nicht so quälend lang wie in Auschwitz und ohne Schläge. Weil die Schuhe der Mutter sich aufzulösen begannen, erhielt sie Holzpantinen. Ihre eigenen Schuhe hielten, bis sie im Lager beim Polte-Werk in Duderstadt durch andere ersetzt wurden. *„Von Duderstadt sind vier oder fünf Leute gekommen.[12] Man hat uns aufgestellt und ausgewählt: ‚Du kommst, du kommst, du, du.' Wir wussten nicht, was geschieht. Nie wussten wir, was mit uns geschieht. Die anderen sind dort geblieben. Und wir 750 Leute sind nach Duderstadt gefahren."*

An die Ankunft in Duderstadt kann sich Katalin Forgács nicht mehr erinnern, außer, dass sie müde und erkältet war. Aber vom Leben im Lager weiß sie zu berichten. *„Das Lager war gut. Es waren Häuser. Wir haben einen Waschraum gehabt, das war eine sehr große Sache. Im Winter war es nicht so sehr kalt im Zimmer, in dem wir geschlafen haben. Die Betten waren zweistöckig, und auch Decken haben wir gehabt. Das war ein Wunder. Und ein Wunder war auch, dass es manchmal im Waschraum warmes Wasser gab. Und verzeih mir, wir haben eine Hose gehabt. Und meine Mutter hat sie, wie es eine Mutter macht, jeden Abend gewaschen. Im Zimmer stand ein kleiner Ofen, dort haben wir sie getrocknet."*

---

[12] Es waren vielleicht Vertreter des Hauptwerks der Firma Polte in Magdeburg.

Das Essen war, wie schon in Bergen-Belsen, „*ein bisschen besser als in Auschwitz. Das Mittagessen war eine Suppe mit einer Kartoffel. Die Suppe war nicht so wie Wasser, sondern ein bisschen mehr als Wasser. Und am Abend haben wir für mehrere Leute ein Brot bekommen. Meine Mutter und ich haben unten im Bett zusammen geschlafen. Oben war auch eine Mutter mit ihrer Tochter, ebenfalls aus Miskolc. Sie haben immer in der Nachtschicht gearbeitet. Wir haben das Brot geteilt und ihr Teil dort hingelegt. Sie haben gewusst, dass wir sie nicht bestehlen werden.*“

Kontakt zu anderen hatten sie wenig. „*Die Aufseherinnen haben zu mir gesprochen. Aber ich durfte sie nie ansprechen.*“ Katalin Forgács hat sie als sehr streng in Erinnerung. Wollte sie während der Arbeit zur Toilette gehen, musste sie sich abmelden und wieder zurückmelden. „*Der Vorarbeiter war ein Mann aus Belgien. Aber er hat so schlimm auf uns geschaut. Wir waren keine schönen Frauen. Und er hat immer so gegessen, dass wir sehen sollen, er isst. Und er hat anderes gegessen als wir.*“

Mutter und Tochter arbeiteten in Halle 17 des Polte-Werks. „*Wir haben Maschinengewehrhülsen technisch überwacht und kontrolliert, ob die Abmessungen richtig sind. Es war eine leichte, in weißen Handschuhen durchgeführte Arbeit. Sie dauerte nur lange, von früh morgens bis spät nachmittags. Wir waren jedoch nicht in der Kälte. Aber nicht alle Arbeitsplätze waren so gut in Duderstadt. Es gab auch schwerere Arbeit. Immer in Nachtschicht, in Hitze und so weiter. Und wir haben wieder ein wenig Hoffnung geschöpft. Nur Hunger haben wir gehabt.*“

Katalin Forgács erinnert sich noch an einige besondere Ereignisse im Lager Duderstadt. Einmal gab es eine Strafe für die Häftlinge. „*Es schneite. Man hat gerufen, dass wir uns in den Schnee mit unseren nackten Beinen hinknien müssen. Ich habe den Mantel unter die Knie geschoben. Da war es ein bisschen besser. Es hat so ungefähr eine halbe Stunde gedauert. Ich weiß nicht, warum es passiert ist.*“

In ihrem Zimmer wurde ein Kind geboren. „*Also, ich hatte in meinem Leben noch nie so etwas gehört. Ich fragte meine Mutter: ‚Was ist das?‘ Sie hat mir gesagt: ‚Ein Kind wird geboren sein.‘ – ‚Hier und jetzt?‘ – ‚Ja, hier und jetzt.‘ Und das hat so zwei Stunden ungefähr gedauert. Man hat die Ärztin gerufen. Die ist mit ihrer Tochter gekommen und hat geholfen. Aber sie war auch traurig, weil sie wusste, was geschehen wird. Am nächsten Tag haben sie die Mutter und das Kind weggetragen. Ich weiß nicht, was aus ihnen geworden ist.*“

Aus einem Interview mit Rozalia P. :

„Sie lag neben meiner Mutter. Sie war nicht verheiratet. Meine Mutter hat zu ihr gesagt, es wäre besser, wenn sie irgendwo von oben herunterspringt, damit sie das Kind verliert. Aber sie hat es nicht getan. Herr Notnagel [einer der SS-Bewacher] *hat eine Margarinekiste gebracht und hat das Kind in die Schachtel getan und man hat sie neben dem Zaun eingegraben."* – *„Und was ist mit der Frau passiert, wo ist sie geblieben?"* – *„* […] *nachher haben wir die nicht mehr gesehen. Wir wissen nicht, wo sie ist."*

[Interview: Rosemarie Hofmann, Mahn- und Gedenkstätte Buchenwald 1996.]

Aus einem Interview mit Mirjam Edith S.-Sch.:

„Eines Nachts gab es Geschrei. Es war die Geburt. […] *Man rief also jene Ärztin* […] *und die Gebärende gebar ein lebendiges Kind. Und sie* [die Ärztin] *sagte: ‚Ich muss es den Deutschen mitteilen, und dann wird man dich von hier wegnehmen. Wohin? Nach Auschwitz.'* *Das wussten wir damals schon. Das wollten wir nicht.* […] *Und sie meldete es den Deutschen, und die Deutschen brachten der Mutter etwas zu essen und Kleider für das Baby. Trotz alledem war das eine gute Behandlung. Und die Männer waren von der Wehrmacht. Keine SS-Männer. Aber sie konnten sich nicht gegen das Gesetz stellen. Ich weiß nicht, wer es war, ich war es nicht, aber einer von den Leuten ging zu dem Mädchen und tat etwas, damit das Baby sterben würde, damit sie, die Mutter, bei uns bleiben würde."*

[Interview: Bina Kuttner; Yad Vashem, 30.4.2006; Übersetzung: Uriel Kashi.]

Ein Dokument der SS gibt eine verwaltungsmäßige Auskunft über das Schicksal von Mutter und Kind. Am 27.1.1945 meldete Oberscharführer Reißig für die „Waffen-SS, K.L. Bu[chenwald], Arbeitslager Duderstadt" dem „Arbeitseinsatz des K.L. Bu." in Weimar-Buchenwald schriftlich:

„Das Kommando teilt mit, dass von den 2 Jüdinnen, die Schwanger waren, nur eine nach Bergen-Belsen überstellt wurde, die zweite ist im Lager geblieben, da das Kind vorzeitig ankahm, und bereits verstorben ist. Somit erübrigt sich der Austausch."[13]

Die schon erwähnte, bei Katalin Forgács in Duderstadt wieder wachsende Hoffnung auf Befreiung wurde durch ein anderes Ereignis bestärkt. *„Einmal habe ich auf meinem Bett ein kleines Stück Papier gefunden. Und darauf war geschrieben: ‚Debrecen ist frei.' Das war im Dezember oder Ende Januar. Und dann ist eine Zeit gekommen, in der es in der Fabrik nichts zu arbeiten gab. Und man hat uns gesagt, wir müssten die Halle sauber machen. Dort oben, sehr hoch, waren Rohre. Meine Mama hat die Leiter gehalten. Und sie hat mich zurückgerufen. Sie hat Angst um mich gehabt. Und man hat auch nicht mehr so sehr darauf geachtet, was wir machen. Sie waren um sich selbst besorgt. Und dann hat man gesagt, wir müssen zu Hause im Lager bleiben. Es war schon sehr gut. Es war am Ende des Winters. Vielleicht im März. Und es gab schon nichts zu essen. Aber im Lager gab es Erdhügel. Und darin waren Rüben. Ich habe den Arm bis zur Schulter hineingesteckt. Und Mama hat gerufen: ‚Lass das! Lass das! Man wird dich töten!' Aber man hat uns nicht getötet. Sie waren schon ganz woanders mit ihren Gedanken. Das haben wir dann gegessen."*
Dann folgte die Evakuierung des Lagers wegen der heranrückenden amerikanischen Truppen. *„Mit dem Zug sind wir gefahren. Begleitet haben uns wenige Wehrmachtsoldaten. Wir haben großen Hunger gelitten. Und nach einigen Tagen haben wir ein Stückchen Brot bekommen. Wir haben den Soldaten gesagt: ‚Das ist so wenig.' Die Antwort war: ‚Wir essen auch nur ein Stückchen Brot, ebenso wie ihr.' Einmal war eine Luft-Attacke. Ein oder zwei, viele junge Mädchen sind gestorben. Und dann mussten wir den Zug verlassen."*

---

[13] Archiv der Mahn- und Gedenkstätte Buchenwald, zitiert in der Schreibweise des Dokuments.

Unterwegs hatte die Mutter auf einer Wiese eine Konservendose gefunden. *„Darin haben wir Kartoffelschalen gekocht. Woher wir Streichhölzer hatten, weiß ich nicht. Und dann kamen wir nach Theresienstadt. Man hat uns in Quarantäne gelegt. Aber dort war es schon so gut und schön. Wir haben keine deutschen Soldaten gesehen und gehört, dass die russische Armee heranrückt. Viele haben gesagt, dass man Theresienstadt sprengen wird. Aber das war nicht wahr.*

Und dort ist uns ein Glück geschehen. Wir haben meine beiden Onkel getroffen. Der eine war der Bruder meiner Mutter, der andere war ihr Schwager aus Debrecen. Sie waren nicht in Auschwitz gewesen, sondern hatten in Österreich gearbeitet. Man kann nicht erzählen, was das für ein Glück war. Mein Onkel fragte meine Mutter. ‚Was für ein Kleid ist das? Hast du das von zu Hause gebracht?‘ Wir sahen schrecklich aus. Meine Mutter antwortete: ‚Habe ich so ein Kleid zu Hause gehabt?‘ Und dann haben sie zum ersten Mal von Auschwitz gehört.“

Ein großes Glück bedeutete auch die Befreiung. *„Einmal ist jemand in unser Zimmer gekommen und rief: ‚Die Russen sind hier!‘ Die Stadt war umgeben von einer Mauer. Die Mama ist nicht dorthin mitgekommen. Sie wollte auch nicht, dass ich gehe. Aber ich war 18 Jahre oder 19. Ich bin gegangen. Und wir haben uns auf die Mauer gesetzt. Die russischen Soldaten haben uns Schokolade und Zigaretten gegeben. Das war eine große Sache. Und wir haben uns damals noch nicht gefürchtet vor den Russen. Weißt du, auch das kann man nicht erzählen, so eine große Freude war es.“*

Wie so viele wollten sie schnell nach Hause. Die Onkel stahlen ein Auto. Vielleicht war es ein LKW, wahrscheinlich ein Omnibus ohne Sitze. Das lässt sich in dem Gespräch nicht genau klären. Zahlreiche Menschen aus Debrecen fuhren mit. Sie hatten auch Konserven organisiert. Entgegen allen Mahnungen der Mutter aß Katalin Forgács zu viel davon. Sie wurde krank. Das Fahrzeug musste häufig stehen bleiben, damit sie sich übergeben konnte. Das ging einen Tag lang so. *„Und einmal standen zwei russische Soldaten vor dem Auto: ‚Stopp! Heraus!‘ Wir mussten aussteigen und sie sind mit dem Autobus weggefahren. In der Nähe haben wir ein Dorf gefunden. Einer meiner Onkel war Apotheker. Er hat eine Apotheke entdeckt. Wir sind hineingegangen und er hat erzählt, woher wir kommen und dass wir nichts zu essen haben. Die Frau ist ganz liebenswürdig gewesen. Sie hat uns Pferdefleisch gegeben. Meine Mutter hat es gekocht. Das haben wir gegessen.“*

Mit der Bahn, in einem Waggon ohne Sitze, fuhren sie nach Wien. Katalin Forgács hatte eine kleine Schachtel mit irgendetwas darin. Ein russischer Soldat nahm sie ihr unterwegs weg. Die anderen beruhigten sie. Es würde schon wieder besser werden.

In Wien bildete die Donau das nächste Hindernis. Sie mussten auf die andere Seite gelangen. Zuerst aber suchten sie Unterkunft in einem Pfarrhaus, erzählten wieder, woher sie kämen und baten um eine Schlafgelegenheit. *„Aber die haben nicht gesagt: ,Kommt in ein Zimmer!' Nein, die ganze Nacht waren wir draußen im Garten. Dort haben meine Mutter und ich zwischen den beiden Onkeln geschlafen. Und wir haben gesagt, es wird sehr schwer sein, über die Donau zu gehen. Aber man hat gesehen, wer wir sind – nicht Soldaten, nicht elegant – und hat uns durchgehen lassen. Beim Südbahnhof war ein Park. Dort haben wir uns hingesetzt und gewartet. Ein bisschen Käse haben wir bekommen. Und uns war egal, was mit uns sein wird. Es war egal, wir waren frei.“*

Es dauerte nicht lange, bis ein Zug kam, der nach Budapest fuhr. Ihnen gelang, sich hineinzudrängen. Am Grenzbahnhof blieb der Zug stehen. *„Dort wurde gekocht. Wir haben Gulasch bekommen. Und es war ausgeschrieben, wo man sich melden konnte, um Hilfe zu erhalten. Ich bin dorthin gegangen und habe 300 Pengö[14] erhalten. Ich fühlte mich reich und habe eine Zeitung gekauft.“*

In Budapest sind sie abends angekommen. Es herrschte eine nächtliche Ausgangssperre. Sie mussten deshalb auf dem Bahnhof übernachten. *„Wenn ich nach Budapest fahre, dann schaue ich immer in die Ecke, in der wir uns niedergelegt haben, wir vier.“* Ein Schild wies auf eine Hilfsorganisation hin. Dahin begaben sie sich am nächsten Tag. *„Dort war ein Bekannter von meinem Onkel und der hat uns sehr viel geholfen. In der Nähe war ein Hotel. Man bezahlte für uns das Zimmer. Dort blieben wir einige Tage.“* Bei der Hilfsorganisation gab es einen Aushang mit den Namen derer, die wieder nach Hause gekommen waren. *„Es standen dort die Namen einiger bekannter Leute. Die beiden Onkel wollten, dass wir mit ihnen nach Debrecen gehen. Aber ich war jung, und über meinen Geliebten stand dort geschrieben, dass er hier in Miskolc ist. Deshalb habe ich Mama gesagt: ,Wir fahren nach Miskolc! Wir fahren nach Miskolc!' Aber das war eigentlich nur eine Freundschaft, eine schöne Liebe, nichts anderes, nicht so wie heute.“*

---

[14] Pengö = damalige ungarische Währung.

Sie erhielten eine Bescheinigung, damit sie die Bahnfahrt nicht bezahlen mussten. Als sie in Miskolc bei ihrem Haus ankamen, stand die Tür des Geschäfts offen. *„Ein Jude hatte sich dort hineingesetzt und das leere Geschäft geöffnet. Er ist weggegangen. Mein Geliebter kam und die Freude war groß. Aber weiter ins Haus durften wir nicht gehen. Ein hoher russischer Offizier wohnte mit seiner Frau darin. Zwei Soldaten standen Wache. Die Hausfrau kam. Sie hat uns hereingebeten. Zwei Wochen lang haben wir bei ihr gewohnt. Von der Stadt hat niemand gefragt: ‚Lebst du? Isst du? Wo wohnst du?‘“*

Die amerikanische Hilfsorganisation JOINT war bereits vor Ort. Dort wurde Katalin Forgács befragt. *„Sie haben eine Karte von Auschwitz gezeigt und gefragt: ‚Wo wohnten Sie?‘ Ich konnte es ihnen nicht zeigen und habe dann gesagt: ‚B2 oder B3.‘ Aber das wussten sie nicht. Sie wunderten sich: ‚Wie kann das sein, dass sie nicht zeigen kann, wo sie war?‘ Sie wussten nicht, was das für ein Leben dort war."*

Die Mutter begab sich mit einem Rechtsanwalt zu dem russischen Offizier in ihrem Haus und bat ihn um Hilfe. Sie habe keine Wohnung. Die Antwort war, er könne ihr nicht helfen, aber wenn er wieder nach Hause ginge, würde sie die Wohnung zurückbekommen. Als es so weit war, bezog jedoch die kommunistische Partei das Haus, und sie selbst erhielten nur einige Bücher und sonst Weniges daraus.

„Von JOINT haben wir Kleider bekommen, Essen und ein wenig Geld. Frauen vom Land haben auf dem Markt in Körben Lebensmittel verkauft, und alles Geld, das wir hatten, haben wir darauf verwendet. Einmal war ich auf der Straße und ein junges Mädchen kam mir entgegen. Sie trug ein Kleid von mir. Da habe ich sie angesprochen: ‚Das Kleid ist meins.‘ – ‚Was wollen Sie?‘ – ‚Ich will das Kleid zurückhaben. Morgen früh um acht Uhr sollen Sie hier sein mit dem Kleid.‘ Sie hat es zurückgebracht. Vielleicht hat sie es auf dem Markt gekauft oder ich weiß nicht wo.

Zweimal, dreimal ist so etwas passiert. Einmal habe ich es zurückbekommen und es war in Ordnung. Einmal ging es um einen weißen Sommermantel. Der Mantel war auf die linke Seite umgedreht und verkehrt geknöpft. Ich habe zu der Frau auf der Hauptstraße gerufen: ‚Dieser Mantel gehört mir!‘ Sie wollte ihn nicht zurückgeben, aber aus dem Geschäft sind viele Männer herausgekommen und haben ihr gesagt, sie solle mir ihre Adresse geben. In der Nähe von Miskolc hat sie gewohnt. Wir sind zur Polizei gegangen, aber die Frau war nirgends. Den Mantel habe ich nie zurückbekommen."

Im Museum fand sie Gemälde aus ihrem Elternhaus. *„Die Frau hat mir gesagt: ‚Was gibst du mir als Geschenk?‘ Da habe ich geantwortet: ‚Warum soll ich etwas geben? Das sind meine Bilder. Wir haben nichts anderes.‘"* So erhielt sie diese Kunstgegenstände zurück.

Mutter und Tochter einige Monate nach der Befreiung
in Miskolc

Sie zogen in eine kleine Wohnung. Katalin Forgács heiratete, aber nicht den *„Geliebten"*, sondern einen älteren Witwer. Sie arbeitete in einem Werk, in dem Füllfederhalter und Regenschirme repariert wurden. Sie besaß ja keine Berufsausbildung, hatte nur das Abitur, und viel später erst studierte sie an einer Hochschule. Ihre Tochter war schon geboren, als eine Stelle bei der Konzertagentur Philharmonie ausgeschrieben wurde. *„Ich bin dorthin gegangen und habe erklärt: ‚Ich spreche Deutsch, ich spreche ein wenig Französisch und Englisch auch.‘ Da hat man gesagt: ‚Es ist in Ordnung, aber wir müssen die Partei fragen, ob du gut bist.‘ – ‚Ob ich gut bin? Ich bin von Auschwitz gekommen.‘ Ich wusste noch nicht, was das ist, aber die Partei hat zugestimmt. Dort habe ich mehr als 30 Jahre gearbeitet. Es war eine wunderschöne Zeit. Ich habe schön zusammengelebt mit meinem Mann, mit dem Kind und mit der Mutter. Meine Mutter hat nie gearbeitet. Also hat sie für uns gekocht. Aber arbeiten konnte sie nicht.“*

Mit ihrem Mann ist sie auch gereist, im Ostblock, dorthin, wo es möglich war. Sie waren in Leningrad, wie Petersburg damals hieß, und in Moskau. Sie schwärmt von diesen Reisen. Später war sie auch in Duderstadt. Eigentlich wollte sie nie wieder nach Deutschland fahren. Auf Einladung hin tat sie es dann doch – und erinnert sich mit gemischten Gefühlen daran. Es gab viele schöne Erlebnisse, herzliche Zuwendung, für die sie dankbar ist. Andererseits, bei einem Empfang der Stadt Duderstadt wurde sie wegen ihrer KZ-Haft im Lager des Poltewerks angesprochen. *„Es war ein Mann mit seiner Frau, ein Arzt vielleicht. Sie waren ein junges Paar, wohl über vierzig Jahre alt. Beide haben gehört, dass ich Deutsch spreche. Und die haben mich gefragt, ob das wahr ist. Sie haben nie zuvor davon gehört. Wie kann das sein?“*

Wenn sie in Miskolc Deutsch sprechen hört und bemerkt, dass die Leute eine Auskunft brauchen, dann hilft sie manchmal. *„Aber es kommt vor, dass ich nicht helfen will.“*

In Auschwitz war sie nie wieder. Aber in ihrer Wohnung erinnert sie sich oft an die Zeit der Deportation. *„Jetzt im Alter kehrt das wieder zurück“*, sagt sie und ergänzt in einer Pause des Interviews: *„Es vergeht kein Tag, an dem ich nicht daran denke.“*

Katalin Rutkai:

„Ich wollte unbedingt ein Kind haben"

Abgesehen von dem einen Jahr der Deportation nach Auschwitz und Duderstadt hat Katalin Rutkai immer im ungarischen Miskolc gelebt. Ihr Vater stammte aus dem Städtchen Tiszaúlak, das heute zur Ukraine gehört. In Budapest hatte er ein Geschäft besessen, welches zur Zeit der Räterepublik in Ungarn 1919 enteignet worden war. Danach übernahm er die Leitung eines Ladens für Textilien und Raumausstattung in Miskolc. Er blieb dessen Geschäftsführer bis 1943, als er wegen der Judengesetze entlassen wurde. Viel über sein Leben weiß die Tochter nicht, weil er nie mit ihr darüber sprach. Die Verwandtschaft der Mutter lebte in Györ im westlichen Ungarn und betrieb dort ebenfalls ein Textilgeschäft mit Stoffen und Bettzeug, aber auch mit Teppichen. Alle waren sie Juden.

Katalin Rutkais Eltern, das Ehepaar Weinberger, bezogen in Miskolc bei dort herrschender Wohnungsnot zunächst eine dunkle, unfreundliche Zweizimmerwohnung. Eines der Fenster ließ nur das Licht des Treppenhauses herein. Hier wuchs Katalin Rutkai, die am 8. Dezember 1927 als einziges Kind der Familie geboren worden war, bis etwa zu ihrem sechsten Lebensjahr auf. Dann fand die Familie eine nicht größere, aber freundlichere Unterkunft.

Katalin Rutkai mit ihrer Mutter

Die großen jüdischen Feiertage hielten die Weinbergers ein und die Mutter führte einen koscheren Haushalt. Das Kind wurde in eine jüdische Grundschule geschickt. Auch die darauf aufbauende Bürgerschule war jüdisch. *„Wir wurden zu guten ungarischen Mädchen und dabei auch zu guten Juden erzogen. Jede Woche hatten wir zweimal Religionsunterricht. Wir lernten, Hebräisch zu sprechen und das Alte Testament zu lesen. Die vier Klassen der Bürgerschule habe ich beendet. Ich habe gut gelernt, natürlich wollte ich auch weiterlernen, aber damals war die Lage schon so, dass Juden zumeist nicht aufgenommen wurden. Mit großer Protektion bin ich in die Handelsschule für Mädchen aufgenommen worden."* Eine Bekannte des Vaters war nämlich Schneiderin. In deren Salon ließ eine Lehrerin der Handelsschule ihre Garderobe fertigen. Über diese Beziehung konnte die Aufnahme der Tochter in die Handelsschule erreicht werden. Zur Zeit der Besetzung Ungarns durch die deutsche Wehrmacht besuchte Katalin Rutkai dort die zweite Klasse.

Katalin Rutkai
im Alter
von 14 Jahren

57

„Der 19. März 1944 war ein Sonntag. Ich erinnere mich, als ob es heute wäre. Damals gab es in Miskolc ein Internat für Jungen. Die haben ein Purimfest mit Darbietungen und Tanz arrangiert. Damals war ich 15 Jahre alt. Auch ich war eingeladen, meine Mutter hat mich begleitet. Die Darbietungen waren ausgezeichnet. Es wurden einige Ausschnitte aus Theaterstücken gespielt und Gedichte rezitiert. Ich erinnere mich noch, ein Junge hat ein Gedicht von Villon[15] aufgesagt. Die Vorstellung war beendet. Der Tanz hatte begonnen. Ich habe viele Partner gehabt und mich gut gefühlt. Auf einmal kam ein Junge, er stellte sich auf die Bühne. Er kam aus Budapest und erklärte, dass die Deutschen die Stadt besetzt hätten. Die Musik blieb still, der Tanz ging zu Ende, die Gesellschaft verlief sich. Ich muss nicht sagen, es war entsetzlich. Ein Junge begleitete meine Mutter und mich nach Hause. Mein Vater war bei dem Nachbarn Imre Roth, mit dem wir gut befreundet waren. Dort haben wir die Ereignisse besprochen. "

Darauf waren sie nicht vorbereitet. *„Die Wahrheit ist, dass unser Nachbar im Arbeitsdienst in der Ukraine war. Er hat erzählt, dass er in Polen Menschen gesehen habe, kahl geschoren, in gestreifter Kleidung. Nicht wahr, das war in Polen! Ja, damals hatten wir schon etwas darüber gehört, dass in Polen Menschen weggeschleppt wurden. Wir waren naiv, sehr naiv. Jetzt haben wir verzweifelt darüber gesprochen, was kommen wird. Am nächsten Tag ging ich zur Schule. Zwei deutsche Soldaten standen im Tor und wollten mich nicht hineinlassen. Ich habe ihnen gesagt, dass ich hinaufgehen möchte, weil ich diese Schule besuche – ich sagte es ihnen auf Deutsch – und dann haben sie mich hineingelassen. "* Einige andere Schülerinnen waren schon dort. Der Direktor erklärte, dass der Unterricht mit diesem Tage zu Ende sei, weil die Schule besetzt wäre. In einer anderen Schule wurden dann lediglich noch die Schuljahresabschlussprüfungen abgelegt.

Der Stadtbezirk von Miskolc, in dem Katalin Rutkai heute wohnt, wurde 1944 als Ghetto für die jüdischen Einwohner der Stadt eingerichtet. Sie weist aus dem Fenster und erklärt, welche Straßen dazugehörten. Es standen dort mehrstöckige Geschäftshäuser, es gab einen Markt sowie Nebenstraßen, in denen vor allem arme, fromme Juden wohnten. *„Mein Vater hatte einen Freund in der Arany-János-Straße. Dessen Tochter*

---

[15] François Villon, französischer Dichter, ca. 1431 bis 1463.

Zsófi war zwei Jahre älter als ich. Mein Vater bat ihn, uns in seine Woh-
nung aufzunehmen. Es war eine Wohnung mit zwei Zimmern. Wir packten
alles und zogen hin. Nur die Möbel blieben in unserer Wohnung." Vieles
hatten sie zuvor schon in den Keller des alten Wohnhauses getragen.
„Mein Vater verpackte alles in einen riesigen Reisekorb und in einen
großen Koffer und schrieb es in einem Notizbuch auf. Meine Aussteuer
war darin verpackt, schon bearbeitet, wunderschönes rosafarbenes Bett-
zeug aus Damast. In dem Koffer war auch viel Leinen und andere Stoffe.
Als meinem Vater gekündigt wurde, hatte meine Mutter zuvor schon die
Erlaubnis zum Textilverkauf erworben. Die Absicht war, da man von
etwas leben musste, Textilwaren von zu Hause aus zu verkaufen."

In dem Haus lebten zahlreiche jüdische Familien. Katalin Rutkai erinnert sich an alle Wohnungen und die Namen der Bewohner. *„Na, und*
alle versuchten, einen Bekannten zu finden, der im Ghetto wohnte." Die
Männer waren meist beim Arbeitsdienst, aber nicht ihr Vater – wegen
seines Alters von 62 Jahren.

„Der Judenrat war in der Arany-János-Straße. Noch etwas Schreckli-
ches befand sich dort, es hieß ‚Römisch Zwo‘. ‚Römisch Zwo‘ hatte die-
selbe Rolle wie die Gestapo. Der gesellschaftliche Stand einer jeden Per-
son war allbekannt. Viele Kaufleute gab es in Miskolc, einige in Wohl-
stand, reichere, und Menschen unter bescheideneren Umständen mit
kleinen Geschäften, Handwerker. Man wusste, wer reich ist, und der
wurde ausgesucht. Er wurde einbestellt und befragt, wo er Schmuck und
Geld verborgen hat. Mein Vater hat Angst gehabt, dass er auch gerufen
wird, da man wusste, dass er bei der Firma Rosenberg Geschäftsführer
war und eventuell wissen konnte, wo die Wertgegenstände versteckt wur-
den. Ihre Methoden? Die Frau Radványi hat man mitgenommen. Wir
haben sie nie wieder zu Gesicht bekommen. Nicht nur sie, viele. Einige
habe ich in der Ziegelei gesehen: zusammengeschlagen, zu Tode gehau-
en."

Die Ziegelei war die nächste Station. *„Wir wurden benachrichtigt,*
dass wir packen müssen. Alle hatten wir einen Rucksack, in den wir unse-
re Sachen gepackt haben. Man sagte uns: ‚Die wichtigsten Sachen nur
und Bettzeug.‘ Und die Gendarmen kamen. Sie haben unsere Rucksäcke
ausgeschüttet. Meine Geburtsurkunde, meine Zeugnisse waren darin,
also meine Papiere. Alles wurde ausgeschüttet. Zwei Paar Schuhe waren
auch im Rucksack, man konnte wählen, welches man behalten wollte. Die
anderen Schuhe, Vollsohlensandalen, die damals modern waren, wurden

herausgeschmissen. Es blieben einfache Schnürschuhe und die, welche ich gerade trug. Als sie meine Zeugnisse herausgeschmissen hatten und ich protestierte, sagten die Gendarmen sehr grob: ,Dort, wo Sie hingehen, braucht man keine Zeugnisse.' Dann mussten wir einen Wagen besorgen, nahmen unsere Rucksäcke auf den Rücken, die waren schwer, und der Wagen war voll mit dem Bettzeug des ganzen Hauses."

Katalin Rutkai unterbricht ihre Erzählung und verweist auf Papiere, die sie in der Hand hält. *„Ich habe die Geschichte aufgeschrieben, aber auch ohne das kann ich alles erzählen. Alles ist hier in meinem Gehirn. In unseren Gehirnen."* Dann fährt sie mit ihrem Bericht fort: *„Wir machten uns auf den Weg zur Ziegelei. Es war weit genug, etwa drei Kilometer. Alle haben wir uns einen Platz gesucht. Zum Essen haben wir Konserven mitgenommen. Wir packten alles auf den Boden, damals gab es noch Leintuch, Decke, Polster, alles."* Das war in einer großen Baracke.

In der Ziegelei arbeitete Katalin Rutkai. Tagtäglich schichtete sie Ziegel auf. *„Auf einmal wurde uns gesagt, wir würden einwagoniert und nach irgendwo geschleppt. Die Wagons fuhren schon vor der Baracke auf den Gleisen. Eigentlich hätten wir am Sonntag einwagoniert werden sollen, es kamen 70 Personen oder mehr in einen Wagon. Es war kein Platz mehr da, wir kamen nicht an die Reihe. Am Montag wurden fünf bis sechs Wagons verbunden. Wir hatten die Nacht vorher draußen verbracht, damit in der Früh die Einwagonierung schneller geht. Wir schliefen draußen, ich in der Mitte, auf einer Decke. Gegen sechs Uhr wurden wir einwagoniert, es waren entsetzlich viele im Wagon. Gewiss mehr als 70. Dann setzte sich der Zug in Bewegung. Wir kamen nach Kassa[16], die Wagontür wurde geöffnet. Kassa war damals gerade ungarisch. Zwei deutsche Soldaten stiegen ein. Sie sagten – mein Vater sprach Deutsch, meine Mutti auch, ich auch, wir haben sie verstanden wie auch die anderen, weil die Juden zumeist Deutsch konnten – dass wir nach Deutschland gebracht würden, wir sollten keine Angst haben, die Jüngeren würden arbeiten."*

Katalin Rutkai glaubte das, obwohl die Umstände beängstigend waren. *„Wir waren noch zusammen, Familien, kleine Kinder, Alte. Die verschiedensten Altersgruppen waren also im Wagon, in dem ich war, Wickelkinder, Kleine ... es war entsetzlich. Ich weiß, dass wir diese und jene Lebensmittel mitgehabt haben, ich habe aber immer nur Brot mit Apriko-*

---

[16] Ungarischer Name für Kosice in der Slowakei.

senmarmelade gegessen, um zu vermeiden, dass ich auf das WC gehe ... WC!!! Kübel ... Kübel! Der Zug fuhr drei Tage lang. In der Früh am 13. Juni, denk' ich, waren wir in Katowice. Aus der Geografie kannte ich Katowice, Krakau. Wir sind weitergefahren, Auschwitz und Katowice sind nicht sehr entfernt."

Der Name Auschwitz sagte ihnen nichts. Als sie ankamen, wussten sie nur, dass dies nicht Deutschland war, sondern Polen. Die Wagontür wurde geöffnet. Zahlreiche deutsche Uniformierte standen dort. Die Menschen strömten aus den sommerheißen Wagen, um Luft zu bekommen. *„Männer wurden sofort separiert. Ich konnte mich von meinem Vater nicht einmal verabschieden, und wir gingen los. LOS! LOS! Mit Hunden [...] Den Rucksack hat man uns weggenommen. Die Rucksäcke waren mit unseren Namen beschriftet. Sie wurden auf einen Wagen gelegt. ‚Wie gut‘, dachte ich, ‚man muss nichts schleppen.‘"* Sie nahm an, das Gepäck später wieder zu erhalten.

„Ich weiß nicht, wie viele Meter wir gingen. Ein SS-Mann, ein Offizier saß dort, ein fescher Mann, das habe ich sofort bemerkt – ich war 16 Jahre alt. Von meiner Mutter erfragte er das Alter. Mutti war 52 Jahre alt, sehr fesch, ich habe auch Fotos von ihr, ich werde alles, was geblieben ist, zeigen. Mich fragte man auch, wie alt ich bin. ‚16 Jahre‘, erwiderte ich. Und sofort, meine Mutter hin, mich her ... Und dann, irgendwie, ist eine große Gruppe schon vorgerückt und ich blieb dort allein und konnte auch meiner Mutter nichts sagen. Alles ging so schnell, es war wie ein Blitzschlag." Dieser fesche Mann war, wie sie später erfuhr, Josef Mengele.

Nach der Trennung ohne Abschied folgte sie den anderen, fremden Menschen und holte sie ein. *„Wir gingen ins Bad. Ein Vorraum war dort. Ich habe drei Kleider angehabt, dreimal Weißwäsche, von allem habe ich drei Stück angehabt. Meine Mutti hatte gesagt, ich solle das tun, denn wer wisse, ob man mir alles ließe, was ich* [im Rucksack] *mitgenommen hatte. Sie hatte ein Vorgefühl. Du kannst dir vorstellen, wie warm es im Wagon so angekleidet war. Man musste sich nackt ausziehen. Sie haben uns kahl geschoren. Alles, überall. Danach gingen wir in die Dusche. Nach drei Tagen Fahrt war die Dusche gut. Wir bekamen eine kleine Seife. ... Ich erinnere mich besonders an ein Mädchen. Sie war älter als ich, gegen 20 Jahre, ich kannte sie aus Miskolc. Sie hatte wunderschöne blonde Haare. Als wir herauskamen, gab man uns Kleider, ein Höschen, irgendwelchen Fetzen auf unseren Kopf, aber ich muss nicht sagen: Wir* *konnten uns nicht erkennen."*

Katalin Rutkai wurde in eine Baracke mit der Nummer 5 eingewiesen, in der tausend Menschen untergebracht waren. Zu ihrer ersten Fünferreihe gehörte die Zsófi aus dem Getto in Miskolc. *„Die Blockälteste hat sich vorgestellt, sie war eine Slowakin und hieß Berta – wie meine Mutter. Sie sprach Ungarisch, nicht sehr gut, aber wir haben sie verstanden. Sie sagte, dass wir jeden Morgen gegen fünf Uhr mit einem Pfeifton geweckt werden. Dann muss man hinaus, das heißt Zählappell. Zweimal am Tag, morgens und am Abend, werden wir abgezählt. Sie sagte, man muss Ordnung halten, und die, die aufräumen werden, werden ausgesucht. Wir haben aber nichts gehabt. Wir haben einen Platz auf dem kahlen Boden gefunden. Es war nichts anderes dort als der kahle Boden. Die Schuhe waren unser Kissen, so haben wir geschlafen. Wann wir die erste Decke, Steppdecke, die wir auf den Boden gebreitet haben, bekommen haben, weiß ich nicht. Ich denke, es war eine Steppdecke, das war schon wunderbar. Aber vorher schliefen wir mindestens zwei Wochen lang auf dem kahlen Boden."*

Sie erinnert sich an eine hochgewachsene Aufseherin, die Margarete hieß. Die Blockälteste hatte beim Appell zuerst abzuzählen. *„Wenn das getan war, dann ist die deutsche Aufseherin gekommen und hat abgezählt. Es geschah manchmal, dass nie stimuje, dass etwas nicht gestimmt hat. Dann standen wir stundenlang dort, auch bei strömendem Regen, bis es doch gestimmt hat. Auch denen war es schrecklich, der Blockältesten, den Aufseherinnen ..."*

Katalin Rutkai beschreibt das *„Dörrgemüse"*, das es als Mittagessen gab und das jeden Tag von Männern auf Wagen in großen Gefäßen gebracht wurde. *„Wir wussten nicht, was es sein soll, nur, dass es entsetzlich schlecht war."* Wer allerdings *„am Ende der Reihe stand und Glück hatte, wenn das Gefäß schon fast leer war, bekam einige – zwei, drei Stücke Kartoffel."* Etwa eine Woche lang konnte sie sich nicht überwinden, davon zu essen, genauer: aus einer Konservendose davon zu trinken. *„Abends bekamen wir ein viertel Kilogramm Brot, die untere Seite war mit Sägemehl bestreut. Braunes Brot, ein kleines Stück Margarine, manchmal Marmelade, solche aus Roten Rüben. Wenn ich sie esse, fällt mir immer diese Marmelade ein. Manchmal bekamen wir Quargel. Sie haben nicht davon gehört: Es war eine Art Käse, es hat gestunken. Aber Wasser gab man uns nicht."*

Sie entdeckten in der Nähe der Baracke einen Bach oder einen kleinen

Teich. Das Wasser dort war verhältnismäßig sauber. *„Wir gingen hin, um uns zu waschen. Zuerst dort am Wasser. Als wir schon einen Eimer hatten, holten wir das Wasser, aber wir mussten damit sehr sparsam umgehen."*

Die Tage waren lang im Lager. *„Auschwitz hatte eine interessante Witterung. Es war Sommer, aber der Morgen war entsetzlich kalt. Und wir hatten ein einziges Kleid und etwas wie ein Hemdchen an. Es war uns sehr, sehr kalt. Die Fünferreihe hat sich so aufgestellt, dass wir uns gegenseitig mit unseren Körpern erwärmten."* Den Tag über war es dagegen heiß. Arbeit gab es nicht. Nach dem Zählappell am Morgen blieben sie im Freien. *„Den ganzen Tag saßen wir dort herum. Ich hatte eine sehr gute Bekannte, mit der habe ich gern geplaudert. Auch sie hatte dort Bekannte, so ist eine Gesellschaft zusammengekommen. Wir haben über Speisen geredet, weil wir hungrig waren. Wir sprachen über Bücher und Theater."*

In Auschwitz hörte sie auch, *„dass gegen Hitler ein Attentat unternommen wurde. Die Freude war groß, das könnt ihr euch vorstellen. Leider ist dieses Attentat nicht gelungen. Gott wollte nicht, dass er Opfer eines Attentates wird, sondern dass er sich selbst umbringt."*

Was mit denen geschehen war, die bei der ersten Selektion auf die andere Seite gewiesen wurden, wusste sie nicht. *„Meine Mutti war nicht alt, ich wunderte mich später, auch bis zum heutigen Tag, wie das möglich war, dass meine Mutter, eine stramme Frau, auf die linke Seite geschickt wurde. So viele Jahre lang habe ich darüber nachgedacht, warum wir nicht zusammengeblieben sind. Wenn man sie nicht selektiert hätte, sie wäre nach Hause gekommen. Sie wäre nach Hause gekommen. – Manchmal gab die Mutter ihr Kind ihrer Mutter hin. Wir haben selbstverständlich gedacht, es wird schon ein Lager geben, wo die Älteren die Kinder betreuen werden. Wir Jungen hingegen, wir werden irgendwo arbeiten."* Es war wohl die Blockälteste, die ihnen die Wahrheit sagte. *„Wir haben schon die rauchenden Kamine der Krematorien gesehen. Der ständige Gestank, ständig ... Und wir wollten ihr nicht glauben, weil ein normaler Mensch das alles nicht glauben kann. Sogar heute nicht. Mit einem normalen Verstand kann man das auch nicht verstehen, dass Menschen auf diese Art getötet werden, in so großem Maß, wie eine Fabrik."*

An Selektionen teilzunehmen hat sie vermieden. *„Mir ist es immer gelungen zu entfliehen. Nicht nur mir, auch einigen anderen."* Auch dann, wenn es um Transporte zur Arbeit ging. *„Ich wollte nicht. Auschwitz* *habe ich gekannt, wusste jedoch nicht, was eigentlich passiert. Das, was woanders war, war mir unbekannt.*" Aber einem konnte sie in Auschwitz nicht entgehen: medizinischen Versuchen. Sie spricht nur kurz darüber: „*Ich wurde separat in einen Raum geführt, um Injektionen zu erhalten. Wir waren mehrere. Mehrere junge Mädchen in meinem Alter.*"

Ein Lied entstand und wurde gesungen. Katalin Rutkai kennt noch Wortlaut und Melodie und singt es. In der Übersetzung heißt es so:

Weinet nicht, jüdische Herzen,
Das Leben wird wieder glücklich werden.
Wir gehen in unsere Heimat zurück,
Der liebe Gott wird uns schon helfen.

Schlafe gut in der Nacht,
Iss dieses schreckliche Essen,
Bald haben wir ein Bett und gutes Essen,
Weine nicht, jüdische Schwester.

Die Tage gehen grau vorbei,
Lass Dich nicht verdrießen,
Draußen schlägt die Uhr den letzten Schlag,
Die Minute der Befreiung ist schon nahe.

Weinet nicht, jüdische Herzen,
Das Leben wird wieder glücklich werden,
Wir gehen in unsere Heimat zurück,
der liebe Gott wird uns schon helfen.

„*Es kam der 18. September, den ich deshalb so genau weiß – nie werde ich es vergessen – es war Roscha ha-Schana. Neujahr. Man hatte ein Gefühl, dass man aus Auschwitz weggehen muss. Wir waren viele, die sich kannten, und wir beschlossen, dass wir uns in die Reihe stellen. Man hat uns zur Arbeit ausgewählt. Man schleppte uns in das Bad und wir bekamen ein anderes Kleid. Ich denke, wir haben das gestreifte Kleid in Auschwitz bekommen. Vielleicht doch in Bergen-Belsen ... das ist gleichgültig. Wir wurden umgekleidet und wieder auf den Weg gebracht. Wir sind lange gereist und waren auch zusammengepfercht im Wagon. Etwas zu essen gab es. Täglich ein Stück Brot und etwas noch dazu, Margarine; man musste nicht vor Hunger sterben. Wir sind in Bergen-Belsen ange-*

kommen und stiegen aus dem Wagon. Wir gingen über einen wunderschönen Spazierweg, ein prachtvoller Weg mit Bäumen, eine Allee. Wir dachten, wir sind an einem schönen Ort."

Es war schon dunkel, als sie bei den Zelten in Bergen-Belsen eintrafen. Sie erhielten Essen. "Ich denke, es waren Bohnen. Der Geschmack war gut, ein normaler Geschmack." Das Stroh im Zelt haben sie nur gefühlt, wegen der Dunkelheit aber nicht gesehen. "Ein sehr angenehmer Tannenduft war zu spüren. Vermutlich waren Tannenspäne ausgestreut." Jede bekam eine Decke. "Eine Decke haben wir – alle machten das so – unter uns auf dem wohlriechenden Stroh ausgebreitet und mit den anderen Decken haben wir uns zugedeckt."

Am nächsten Morgen begann der Lageralltag in Bergen-Belsen. "Als wir in der Früh aufwachten, war auch dort ein Zählappell. Wir gingen hinaus und schauten uns um, wo wir waren. Vor dem Zelt fanden wir einen Waschraum im Freien. Es war ein Bassin, das auf Füßen stand, mit mehreren Wasserhähnen darüber. Dahin gingen wir, um uns zu waschen. Auch eine Seife gab man uns." Das Wetter, so berichtet Katalin Rutkai weiter, wurde immer kühler. "Wir haben uns doch gewaschen. Weil die Sauberkeit ... Man durfte nicht nachlässig werden." Das Essen, so erzählt sie, war im Vergleich zu dem in Auschwitz "eine normale Speise".

Nach einigen Wochen wurde sie wieder, ohne jede Erklärung, einwagoniert und irgendwohin ins Unbekannte transportiert. Das war dann Duderstadt. "Bis dahin waren wir nur Zahlen. In Duderstadt hatten wir auch unsere Nummern, aber wir wurden auch mit Namen aufgeschrieben." Katalin Rutkai traf mit wunden Füßen in Duderstadt ein. In Bergen-Belsen hatten sie neue Schuhe erhalten, und sie hatte sich welche ausgesucht, die ihr schick erschienen, aber nicht passten. Während der Fahrt schwollen ihre Füße an. "Jedoch konnte ich die Schuhe nicht ausziehen, weil wir so zusammengepfercht waren." Da sie vor Schmerzen nicht mehr gehen konnte, packten zwei Mithäftlinge sie beim Aussteigen in Duderstadt unter den Armen und schleppten sie ins Lager. Dort kam sie in einem Zimmer mit zwölf Personen unter, alle stammten aus Miskolc. "Es gab eine große Freude. Ich habe alle gekannt, noch heute kann ich die Namen nennen." Sie zählt alle auf.

In dem Zimmer standen sechs Etagenbetten und auf jedem Bett lagen ein Strohsack und eine Decke. Ferner befand sich ein langer Tisch mit 12 Stühlen und einem Eisenofen in dem Raum. "Das war schön, sehr schön." Am nächsten Tag war Appell. "Ich konnte nicht hinausgehen, *weil ich nicht stehen konnte.*" So kam sie in die Ambulanz. „*Eine Polin war dort als Ärztin mit ihrer Tochter Alina. Die Blutblasen wurden geöffnet und verbunden. Vielleicht eine Woche dauerte es, bis ich gehen konnte.*" Die anderen arbeiteten indessen schon in der Fabrik.

Als die Wunden verheilt waren, begann ihre Arbeit in Halle 17 des Polte-Werks. „*Wir bekamen weiße Handschuhe und haben Flugzeughülsen[17] kontrolliert. An einem langen Tisch saßen wir, ungefähr zehn Personen. Mit verschiedenen Geräten haben wir die Hülsen untersucht. Jede Frau hatte ein separates Untersuchungsgerät. Die Anzahl der täglich zu überprüfenden Kisten war vorgeschrieben. Wir arbeiteten von früh sechs Uhr bis sechs Uhr am Abend. Wir schafften, was nötig war.*" Es gab weniger gute Arbeitsplätze, an denen die Arbeit schwer war. „*Wir haben gesehen, dass von einigen die Haare blond geworden sind.[18] Wir mit unserer leichten Arbeit haben Glück gehabt.*"

Mit den Handschuhen gingen sie sparsam um. „*Nicht wahr, man brauchte nicht jede Woche ein neues Paar. Wir schnitten die Finger ab, nähten sie zusammen und so wurden sie zu Socken. Einen Wintermantel gab man mir auch in Duderstadt, so etwas Schwarzes, wie ein Stoffmantel. Weiße Socken, Wickelbinde ... so nett waren wir alle gekleidet. Ich habe auch einen Rock und eine Bluse gehabt. Die Bluse hat eine meiner Gefährtinnen aus einem Hemd genäht.*"

Das Essen im Polte-Werk bezeichnet Katalin Rutkai als „*Speise für Menschen*", Brot und Margarine am Abend, auch Wurst, Honig, Marmelade. Das Mittagessen gab es im Werk. „*Beim Mittagessen saßen wir an einem langen Tisch. Die Suppe bekamen wir in einer großen weißen Schüssel. Es war eine Suppe mit Kartoffeln und Gemüse.*"

Kontakte zu Deutschen oder anderen Ausländern gab es selten. Und die Deutschen wussten über ihre Gefangenen wenig. „*Einmal war ich sehr krank. Ich weiß nicht, was mir fehlte. Ich hatte entsetzliche Kopfschmerzen und sagte, dass ich nicht arbeiten kann.*" Ein Soldat der Wachmannschaft nahm sich ihrer an und erwirkte, dass er sie ins Lager zurückbringen konnte. „*Wir machten uns auf den Weg, redeten – damals ging mir die deutsche Sprache gut, weil nur ein halbes Jahr vergangen war, seit ich Deutsch zu lernen unterließ. Beim Reden fragte er, wer ich*

---

[17] Geschosshülsen von Munition für die Luftwaffe.

[18] Offensichtlich, wie in anderen Munitionsfabriken auch geschehen, verursacht durch den Umgang mit Chemikalien ohne hinreichende Schutzmaßnahmen.

war, wo ich herkam ... und ich habe alles erzählt. So begleitete er mich
nach Hause, was übrigens nicht so weit war, und ich fragte nach seinem
Namen. ,Notnagel', antwortete er. ,Nie werde ich den Namen vergessen',
sagte ich ihm, ,weil Sie ein Mensch sind.'"

Aus einem Interview mit Rosalia P.:

„Wir hatten Männer, die uns bewacht haben. Es waren ältere Wehr-
machtssoldaten. Einer hieß Notnagel. Er hat uns gerettet. [...] Wir
sind in Duderstadt angekommen. Er kam zu uns in die Kantine und
hat gefragt, wer Deutsch sprechen kann. [...]. Dann hat er angefan-
gen zu sprechen. Ich glaube, er hat gesagt, er kommt aus Dresden.
Seine ganze Familie wurde bei einem Bombenangriff getötet. ,Von
heute an sind Sie meine Kinder', sagte er. Von da an bis nach There-
sienstadt hat er uns begleitet. Er hat uns informiert über alles, was
passierte und gesagt, dass die Freiheit nahe ist. Notnagel war Sozial-
demokrat und ist nur in die Wehrmacht gegangen, um sich zu retten."
[Mahn- und Gedenkstätte Buchenwald 1996, Interviewerin: Rosemarie Hofmann.]

Mit einer Aufseherin, einer kleinen rothaarigen Frau, kamen die Ungarinnen während eines Fliegeralarms ins Gespräch. *„Wir waren beim*
Mittagessen. Die Sirenen fingen an zu heulen. Und diese kleine Frau
sagte, dass wir nicht zurückgehen könnten. Die halbe Stunde Mittagspau-
se war vorbei, aber wir durften nicht hinaus. Wir hatten eine Dolmet-
scherin. Sie war aus Oberungarn[19] und sprach sehr gut deutsch. Die Auf-
seherin ging zu ihr und fragte, wer wir eigentlich seien. Die Dolmetsche-
rin klärte die Aufseherin darüber auf, dass wir nicht wer weiß was seien,
sondern dass sich hier Menschen mit Diplom, Professoren, Ärzte, Ingeni-
eure und Hausfrauen mit Familie befänden. Der Fliegeralarm dauerte
noch, die Aufseherin wollte uns singen hören. Ein Mädchen stellte sich in
die Mitte. Sie war hochgewachsen und dünn. Sie fing an das wohlbekann-
te Lied zu singen ,Schön und wunderbar bist du, Ungarn' Sie hatte eine
herrliche Stimme. Alle haben wir geweint, auch ich. Die Aufseherin wun-
derte sich, weshalb wir weinen. Die Dolmetscherin hat den Text über-
setzt:

---

[19] Oberungarn = frühere Bezeichnung für die heutige Ostslowakei.

Schön, wunderschön bist du, Ungarn,
Schöner als die ganze Welt.
Wenn die Musik spielt,
sehe ich deine strahlenden schönen Wangen.

Mit meinem Zauberross flöge ich hin,
Mich locken Gras, Baum und Blume.
Wenn die Musik spielt,
sehe ich deine strahlenden schönen Augen.

Und wir, die weggeschleppt wurden – und zwar mit Hilfe der Ungarn, anders ging es ja nicht – sehnten uns nach Hause in unseren Herzen."

Weihnachten kam. *„Die Deutschen sangen ‚Stille Nacht' und andere Lieder. Sie haben oft gesungen und lange habe ich mich noch daran erinnert. ‚Stille Nacht', das Lied kannte ich. Zu Weihnachten sind wir zwei Tage lang im Lager geblieben und haben nicht gearbeitet. Und zu Neujahr auch nicht. ‚Stille Nacht ...' Also, in Duderstadt, wenn ich mich gut erinnere, waren eher menschliche Verhältnisse."*

Ein anderes Ereignis im Lager nahm Katalin Rutkai mit Überraschung und Staunen wahr. *„Eines Nachts sind wir durch lautes Schreien, Brüllen in dem anderen, großen Saal aufgewacht. Nur ein kleiner Korridor war dazwischen. Wir hatten keine Ahnung davon, was das war. Ein Schreien und ein Brüllen. Stellt euch vor, eine Frau hat ein Kind zur Welt gebracht. Weißt du, was für ein Wunder das gewesen ist? Darüber habe ich noch nicht gesprochen. In Auschwitz ist bei jeder von uns innerhalb von einigen Wochen die Periode ausgeblieben. Die Frauen, die eventuell einen Mann zu Hause hatten, konnten schwanger sein, ohne es zu wissen. Unter den Schwangeren waren einige, bei denen es ersichtlich war, bei anderen nicht. In den ersten Zeiten mussten beim Zählappell die Schwangeren heraustreten. Die, bei denen es ersichtlich war, traten vor in der Hoffnung, dass sie nicht arbeiten werden oder eine bessere Verpflegung erhalten. Es kam anders. Danach haben alle, die schwanger waren, alles abgeleugnet. Die Frau in Duderstadt hat sich so zusammengeschnürt, dass man ihre Schwangerschaft nicht sehen konnte. Das Kind wurde geboren. Die Soldaten kamen und die Aufseherinnen kamen, um es zu sehen. Was dann mit Kind und Mutter passierte, wissen wir nicht. Man hat sie weggetragen. Alles hat sich gewundert wie über etwas ganz Außerordentliches."* Über den Tod von vier Frauen im Lager Duderstadt hat Katalin Rutkai damals dagegen nichts erfahren.

Am 19. März 1944 hatte die Feier zum Purimfest, an der Katalin Rutkai teilnahm, ein jähes Ende gefunden. Ein Jahr später, im KZ-Außenlager Duderstadt, feierte sie wieder. *„Es gab unter uns eine Frau, Edit Bajor hieß sie. Sie war mit ihrer Schwester dort und hat sich ausgedacht, dass zu diesem Feiertag etwas gemacht werden soll. Sie wollte Schauspielerin werden, ist aber Pädagogin geworden. Es sollte etwas vorgetragen werden und einige Soldaten sollten eingeladen werden, die waren aus der Wehrmacht. Zumeist waren dort ältere Soldaten. Der Oberscharführer, das weiß ich nicht, er gehörte zur SS. Wir haben zwei Soldaten eingeladen, und sie hat es im Holzgebäude organisiert. Beinahe alle haben daran teilgenommen, wenigstens die Jungen, die Älteren schon nicht. Natürlich war auch ich dabei. Zwei Lieder habe ich gesungen und habe auch getanzt. Einige haben Gedichte rezitiert, andere haben Szenen vorgetragen. Edit Bajor hat einen orientalischen Tanz gezeigt. Sie hat einen weißen Turban gehabt. Aus einem Hemd oder so etwas wurde ein Busenhalter und ein Höschen genäht. Ich habe zwei Lieder gesungen. Das eine: ‚Wenn eine Ehe schon fünf, sechs Jahre lang dauert‘. Wollt ihr, dass ich es singe?“* – Wir wollten.

„Wenn eine Ehe schon fünf, sechs Jahre lang dauert,
ist sie kühl wie der Herbst.
Der Mann hat schlechte Laune
früh und mittags.

Am Abend ist er düster,
oft geht er schon in seinen Club,
Schwärmen hingegen gelingt ihm selten,
Wachablösung ist empfohlen.

Ein ordentlicher Mann ist immer fleißig,
hört, sieht und spricht nicht.
Wenn die Frau sich amüsiert,
schuftet er wie ein Tier.

Ein ordentlicher Mann trägt einen Zwicker,
seine Uhrkette ist aus Nickel,
seine Frau weiß, was er verdient,
und alles ist ihm gut so, wie es ist.

Ein ordentlicher Mann hat keine sonderbaren Wünsche.
Obwohl er plattfüßig ist,
geht er zu Hause
auf Fußspitzen.

Ein ordentlicher Mann ist ein Streber,
ist ein Arzt, ein Advokat, ein Ingenieur.
Er braucht keine weiteren Weiber,
er hat auch keine Kraft dazu.

Dieses Lied war eine Komödie, und das andere Lied:

Das Revier schläft schon,
sei zu mir nicht so kühl.
Komm, lass uns küssen, Liebchen.

Mein Teuerster, ich kenne einen guten Platz,
dort geht's am besten,
dort drüben hinter der schattigen Stefania.

Der Himmel ist so dunkel,
und wenn ich dich umarme,
habe ich keine Angst.

Der alte Mond hat sich versteckt,
Anonymus
ist ein diskreter Kerl.

Das Revier schläft schon,
sei zu mir nicht kühl.
Komm, lass uns küssen, Liebchen. "

Der gedankliche Ausflug in eine unbeschwerte, leichtlebige Welt kontrastierte mit der ganz anderen Realität des Arbeitskommandos. „*Wir hatten auf unserem Kleid eine Nummer. Vier oder fünf von uns rief man auf den Platz hinaus. Ausschuss wurde gefunden und das ist Sabotage. Wir waren sehr erschrocken, dass man uns exekutiert. Was anderes konnte kommen? Wir wurden damit bestraft, dass man uns drei Tage lang kein warmes Essen gab. Wir gingen in die Fabrik, aber man gab uns keine warme Mahlzeit. Die elf Mädchen, mit denen ich zusammen war, haben Kartoffeln aus der Suppe in einem weißen Fetzen gesammelt. Am Abend, als wir zurückkehrten, haben sie mir die Kartoffeln hergegeben. Letztlich habe ich mehr Kartoffeln gegessen als jede von ihnen. "*

Noch ein Zeichen der Solidarität wurde Katalin Rutkai im Lager zuteil. Die Ärztin hatte sie nach ihrem Geburtsdatum gefragt. *„,Am 8. Dezember werde ich 17.' – ,Alina ist auch 17', antwortete sie. Das war's. Stellt euch vor, wir kamen aus der Fabrik nach Hause. Dieser große Tisch war mit schönem weißen Papier bedeckt und darauf, in Porzellanschüsseln, was ihr euch vorstellen könnt. Alles war serviert, ein Schnitzel aus Pferdefleisch, Kartoffeln, Gemüse, Petersilie. "* Wie das möglich war, ist nicht zu erklären. Daneben lagen zwei Geburtstagskarten: *„Siebzehnter Geburtstag in Duderstadt"* stand auf der einen, und *„Dieses Jahr noch im Gefängnis, nächstes Jahr in Freiheit "*[20] auf der anderen. Die Karten hatte gewiss Alina gezeichnet.

Wenn auch wenige Informationen über den Verlauf des Krieges ins Lager drangen, so wusste Katalin Rutkai doch, was viele Deutsche damals noch nicht glauben wollten, dass nämlich das Dritte Reich den Krieg verlieren würde. *„ Uns war bekannt, dass sie sich nähern. Gegen Ende März konnte man schon Kanonenschüsse hören. Die Engländer oder Amerikaner, wir wussten es nicht genau. Selbstverständlich gab es keinen Rundfunkapparat. Gelegentlich eines Zählappells im April hieß es, dass wir einwagoniert werden. Wenn man uns damals nicht aus Duderstadt weggeführt hätte, wären wir in einer Woche befreit gewesen. Die Fahrt dauerte lange von Duderstadt bis Theresienstadt. Wir fuhren durch eine sehr schöne Landschaft, eine wunderschöne Gegend. Wir haben die Elbe gesehen. Auf der Straße fuhr ein Auto. Mein Gott, es gab Menschen, die normal lebten, wir hingegen ... Essen haben wir kaum bekommen. Unterwegs hat man uns herausgelassen, damit wir pflücken, was wir finden, um es zu essen. Auch die Deutschen hatten nichts. Und es geschah eine Tragödie. Das war unweit von Theresienstadt, bei Lobositz. An unsere Wagons war ein Militärobjekt angekoppelt.*

Aus einem Interview mit Aviva D.:
„Bevor wir einstiegen, sahen wir, dass der vordere Teil, […], uns transportierte, während der hintere Teil des Zuges Flugzeuge und Panzer trug. "
[Archiv: Yad Vashem; Interviewer: Dov Gedi; Übersetzung: Uriel Kashi.]

---

[20] In Anlehnung an Worte aus einem Gebet zum Pessach-Fest, das an die Befreiung aus der Gefangenschaft in Ägypten erinnert.

Britische oder amerikanische Flugzeuge kamen. Die Soldaten öffneten die Türen, sie waren sehr anständig, damals ging es schon anderswie. Sie wussten, dass der Krieg zu Ende war. ‚Los! Los! Aussteigen!' Viele stiegen aus. Jetzt weiß ich nicht, ob Lobositz oder Leitmeritz, beide sind vor Theresienstadt. Es gab eine Frau mit ihren beiden Töchtern, nicht in unserem Wagon. Sie sind nicht ausgestiegen, Gott weiß, weshalb, und eine Tochter wurde getroffen und starb. "

Der weitere Weg nach Theresienstadt zu Fuß erschien ihr beschwerlich und lang. *„Große Stücke Brot lagen auf der Straße. Niemand wagte sie aufzuheben. Wir hatten Angst, dass das Brot vergiftet war. In Theresienstadt sind wir durch ein Tor gegangen. Der eine Soldat sagte: ‚Seid ihr jetzt froh, dass ihr uns loswerdet?' Wir haben Glück gehabt. Wir bekamen ein kleines Zimmer, in dem ich Frau Forgács und ihrer Mutter begegnete. Wir waren in der Quarantäne, noch vor der Befreiung. Man durfte nicht hinaus. Das Mädchen, welches das Lied gesungen hatte ‚Schön bist du, Ungarn', ist an Flecktyphus gestorben. Viele wurden krank. Dass sie gestorben ist, hat uns alle tief berührt. Am 9. Mai sind die Russen gekommen. Wir waren frei. "*

Die jungen Frauen bekamen Kleider, um sich normal anzuziehen. *„Sogar eine Stange Rouge ist hervorgekommen, wer weiß woher. Wir sind in die Stadt gegangen. Wir haben Kaffeehäuser gesehen, Geschäfte, eine Unzahl von Kasernen. Nur wer einmal im Gefängnis war, weiß, was der fühlt, der frei wird. "* Beim Essen gab es keine große Änderung. *„Die Russen hatten selbst nicht viel zu essen. Darum haben wir diese Gerste gegessen. Sie war sehr lecker, und seit ich zu Hause bin, habe ich niemals mehr Gerste gegessen. "* Einmal sollten sich die unter Sechzehnjährigen melden und zur russischen Kommandantur gehen. Es gäbe Erdbeeren. Mit einer 22jährigen Freundin ging sie hin. *„Russische Soldaten in höherem Rang fingen an, mit uns jiddisch zu sprechen. Nicht wahr, ich brauche es nicht zu sagen, keine von uns sprach Jiddisch. Der Soldat fragte auf Deutsch, wie das möglich ist, dass wir als Jüdinnen kein Jiddisch konnten. Meine Freundin hat Erdbeeren bekommen und gab mir auch welche. "*

Im Juni oder Juli, Katalin Rutkai weiß es nicht mehr, jedenfalls an einem 26. des Monats, traf sie in Budapest ein. *„Am Bethlenplatz war JOINT. Da musste man sich melden und bekam auch etwas Geld. Dann habe ich mich auf den Weg gemacht, um meine Verwandten zu finden. "* Sie ging zum Klausálplatz, wo der Bruder ihres Vaters mit seiner Familie gewohnt hatte. Dort war das Ghetto gewesen. Sie traf nur ihre Cousine und deren Tante an. Die Eltern waren verschleppt worden; der Vater kehrte nicht mehr zurück, die Mutter wurde in Bergen-Belsen befreit.

Auch den Bruder ihrer Mutter suchte sie auf. Von dessen drei Söhnen war nur einer heimgekehrt. *„Mit großer Liebe wurde ich empfangen. Mein Onkel sagte, dass ich noch bleiben soll. Aber ich wollte nach Hause in der Hoffnung, dass ich eventuell meine Eltern finde."*

Familienfoto mit Katalin Rutkai und ihren Eltern

Diese Hoffnung trog. Doch in Miskolc erfuhr sie, dass der Freund ihres Vaters, Imre Roth, zurückgekehrt sei. *„Also, Onkel Imre. Ich habe ihn als einen Onkel sehr gern gehabt. Als die Deportation kam, war Imre im Arbeitsdienst, und seine ganze Familie wurde nach Auschwitz verschleppt und niemand kam von dort zurück. Dieser Imre Roth, 22 Jahre älter als ich, ist mein Mann geworden."*

Sie zog wieder in die alte Wohnung ein und lebte dort bei einer nicht-jüdischen Familie, die ausgebombt und da untergekommen war. Zwei Koffer mit Kleidung und Stoffen, die ihre Eltern vor der Deportation in den Keller des Hauses gebracht hatten, fand sie wieder. *„Ein Kleid meiner Mutter habe ich behalten, bis heute."*

In den ersten Wochen half sie bei JOINT und erhielt dort täglich dreimal Essen, ein Taschengeld, Bettwäsche und anderes. Ihre Kenntnisse, die sie als Handelsschülerin erworben hatte, kamen ihr dabei zugute. Ausgehungert, wie sie war, aß sie, wo sie nur konnte. *„In kurzer Zeit bin ich dick geworden, weil kein Essen mir genug war. Ich wohnte noch bei der Familie, da bekam ich ein Frühstück. Dann ging ich zu JOINT, um ein Frühstück zu bekommen. Zu Mittag ging ich zuerst zum Essen bei JOINT, dann ging ich nach Hause und dort*

Katalin Rutkai einige Monate nach ihrer Rückkehr in Miskolc

fragte man mich: ‚Willst du essen?'" – Auch am Abend spielte es sich ähnlich ab: *„Ich fing bei JOINT an, ging dann zu Imre, weil ich damals noch nicht bei ihm wohnte. ‚No, Katika, ich habe Quarknudeln gekocht, essen Sie?' – ‚Ja', sagte ich. Dann erst ging ich nach Hause. ‚Hast du schon gegessen?' – ‚Ja, gegessen habe ich schon ...' – ‚Das und jenes habe ich gekocht, isst du?', wurde ich gefragt. ‚Ich esse', war meine*

Antwort. Also, so ging das und so wurde ich schön dick. Nie im Leben wog ich so viel."

Einen Beruf lernte sie nicht. Sie arbeitete als Kassiererin in einem Eisenwarengeschäft, dann im Hutgeschäft von Imre Roth. Aus der Freundschaft wurde Liebe. Eines Abends bat er sie: *„Kati, sagen Sie doch nicht Onkel zu mir." – „Gut",* antwortete sie, *„dann sag' ich Imre."* Und dann hat er sie geküsst. *„Das war mein erster von einem Mann bekommener Kuss."* Wenig später fragte er, ob sie seine Frau werden wolle. *„Aber Sie müssen gründlich überlegen, weil der Altersunterschied zwischen uns sehr bedeutend ist."* Für sie war das nicht von Belang. Die kirchliche Trauung fand im März 1946 statt. Die zivilrechtliche Eheschließung war erst später möglich, im Dezember, weil behördliche Bestimmungen Fristen setzten, bis zu deren Ablauf darauf gewartet werden musste, ob die erste Frau von Imre Roth eventuell noch zurückkäme.

„Die Liebe war groß, alles Glück, und ich wollte unbedingt ein Kind haben." Sie wurde schwanger. Damit begann ein Martyrium. Im März 1947 kam im Krankenhaus von JOINT ihr erstes Kind, ein Mädchen, zur Welt. *„Am nächsten Tag habe ich an ihm etwas Außerordentliches bemerkt. Ich ließ den Arzt holen. Sofort sagte er mir dann: ‚Schauen Sie mal, Kati, das ist das Zeichen der Lebensunfähigkeit. Aber ich werde mein Möglichstes tun.'"* Der Arzt hatte gesagt, *„jede zweite Stunde soll ich die Milch melken, weil das Kind von sich aus nicht trinken kann."* Aber niemand kam, um die Milch abzuholen. Am nächsten Morgen wurde ihr klar, dass das Kind tot war.

Der starke Kinderwunsch blieb. So wurde sie bald wieder schwanger. Im März 1948 wurde der kleine Gabika geboren, wie schon zuvor seine Schwester mit erheblichem Untergewicht. Sechs Wochen lang schien es, er sei ein gesundes Kind. Dann bekam er Krämpfe. Die Eltern wurden mit ihm zu einer Klinik in Budapest geschickt. Medikamente sorgten für eine Besserung. Über das Ergebnis der Untersuchungen aber wurde Katalin Rutkai nicht aufgeklärt. *„Das werden Sie schon sehen",* hieß es. Sie bemerkte, dass sich ihr Kind nicht entwickelte wie andere. *„Mit sechs Monaten ist seine Entwicklung stehen geblieben. Er lachte, aber er wollte nichts greifen. Alles, was er konnte, war, dass er lachte."* Sie liebten ihr Kind über alles und suchten viele Ärzte auf. Vergeblich. Im Alter von fünf Jahren starb Gabika.

Katalin Rutkai erzählt: *„Allein in Miskolc wurden in unserem Bekanntenkreis vier solcher Kinder geboren. Und von allen vier Kindern waren* *die Mütter deportiert.*" Sie suchte einen Gynäkologen auf, um untersuchen zu lassen, ob sie überhaupt Kinder bekommen dürfe. Zu dieser Zeit war sie, ohne es zu wollen und zu wissen, bereits wieder schwanger. Vielleicht war es der medizinischen Betreuung, die sie nun erhielt, zu verdanken, dass sie diesmal ein wirklich gesundes Kind zur Welt brachte.

1957 erkrankte Imre Roth schwer. Sie nahm eine Arbeit bei den Wasserwerken von Miskolc an und wurde hauptsächlich als Kassiererin in den Kureinrichtungen von Miskolc-Tapolca beschäftigt. 1963 starb ihr Mann.

Ihre finanziellen Verhältnisse waren seit 1957 schwierig. Den Opfern der NS-Zeit, die in Ungarn lebten, zahlte die Bundesrepublik Deutschland damals nur dann eine Entschädigung, wenn pseudomedizinische Versuche an ihnen verübt worden waren. Elf Jahre dauerten ihre Bemühungen und die Begutachtungen, bis ihr 1968 wegen der in Auschwitz vorgenommenen Versuche eine solche Entschädigung zugesprochen wurde.

Mit ihrem Chef in Tapolca, der ihr den Hof machte, geriet sie bei einem Gespräch über ihre Deportation in eine Auseinandersetzung. Er hielt ihr vor: *„Warum habt ihr euch wegen der Deportation so? Was ist mit den vielen Soldaten, die an der Front gefallen sind? Was ist mit der Bevölkerung unter den Bombardierungen?"* Sie antwortete: *„Krieg ist entsetzlich. Für die Soldaten war es auch schrecklich. Aber es ist etwas ganz anderes, ob jemand ein Soldat ist und mit dem Gewehr in der Hand für eine Sache kämpft, über die besser nicht zu sprechen ist, oder ob man Frauen, kleine Kinder, Jugendliche und Alte mit Fabrikmethoden vernichtet."* Der Mann, der wie viele in Ungarn sprach, wurde ihr verhasst.

1981 lernte sie Laci kennen. Mit einer Bekannten hatte sie eine Vorstellung im Kulturhaus besuchen wollen. Stattdessen war dort Tanz. *„Ich sagte zu ihr: ‚Wenn wir schon einmal hierher gekommen sind, dann setzen wir uns irgendwo hin.‘"* Es war jedoch kein Tisch mehr frei. *„Ein Mann saß dort allein an einem Tisch und ich ging hin und fragte, ob er auf jemanden warte. ‚Nein‘, antwortete er. Also sagte ich: ‚Gestatten Sie uns, dass wir uns setzen?‘"* So begann es. Er wurde ihr Lebenspartner bis zu seinem Tod im Jahr 2005.

Auf ihren Sohn ist sie stolz. Er ist Chemie-Ingenieur geworden und in der Arzneimittelforschung tätig. Enkelkinder hat sie nicht. Sie lebt allein in ihrer Wohnung. An den Festtagen geht sie in die Synagoge. Und manchmal trifft sie sich mit Katalin Forgács, ihrer heutigen Freundin.

Emma Farkas:

„Wir werden zu Hause unseren Vater treffen"

„Wir wohnten in Hajdúnánás, bis wir deportiert wurden. Die Deutschen sind am 19. März 1944 gekommen. Wir waren fünf Geschwister. Meine Mutter war schon sehr früh, mit 50 Jahren schon, gestorben. So wurden wir, meine drei Schwestern und ich, zusammen mit meinem Vater deportiert. Ich war 19 Jahre alt, in Auschwitz wurde ich zwanzig.“

Emma Farkas besuchte die vierjährige Elementarschule und danach die ebenfalls vierjährige Bürgerschule. *„Wir waren orthodoxe Juden. Meinen Vater hat es geärgert, dass ich am Samstag in die Schule gegangen bin – es gab auch am Samstag Unterricht. Aber ich habe eine Freundin gehabt, die vis-à-vis wohnte. Wir sind zusammen zur Schule gegangen und am Samstag hat sie meine Schultasche getragen. So hat mein Vater die Zustimmung dazu gegeben, dass ich auch am Samstag zur Schule gehen konnte. Falls aber am Samstag in der Schule eine Klassenarbeit zu schreiben war, durfte ich das nicht tun.“*

Das auf die Bürgerschule aufbauende Gymnasium blieb ihr wegen der Judengesetze, welche die Rechte der Juden in Ungarn einschränkten, verschlossen. Aus dem gleichen Grunde scheiterten die Bemühungen, eine Lehrstelle als Friseuse, Zahntechnikerin oder anderes zu finden. Ursprünglich wollte sie Tänzerin werden. Als Kind war sie oft auf einer Bühne aufgetreten. Aber auch die Tanzhochschule in Budapest nahm keine Juden mehr auf. *„So sind ein paar Jahre vergangen, in denen wir zu Hause nur die Hausarbeit geleistet haben. Mein Vater war Viehhändler und beschäftigte sich mit Tieren. Wir hatten Kühe und haben alle Arten von Hausarbeit selbst getan. Wir Mädchen haben gekocht und aufgeräumt. Wir haben die Kühe gemolken, Brot gebacken, eingeheizt, ich habe Enten und Gänse gestopft. Das alles haben wir allein geschafft.“*

Der Vater hatte als Viehhändler ein gutes Einkommen. Außerdem gab es die Möglichkeit, durch Heimarbeit etwas Geld zu verdienen. Von einer Fabrik erhielten sie die Materialien, um Hüte und Körbe aus Stroh zu flechten. Der Bruder war Drucker, wurde aber bald zum Arbeitsdienst für jüdische Männer eingezogen.

Vom Schicksal der Juden in anderen europäischen Ländern wussten sie nicht viel – *„obwohl wir davon gehört haben, dass in Polen die Juden gesammelt wurden. Dass aber einmal die Reihe an uns käme, dachten wir nicht.“*

Nach dem Einmarsch der Deutschen in Ungarn wurden viele weitere

Maßnahmen zur Entrechtung und Isolierung der Juden ergriffen. *„Zuerst wurden wir mit dem gelben Stern gekennzeichnet. An die Geschäfte wurde geschrieben, dass Juden hier keinen Eintritt haben. Das haben wir schwer ertragen und merkten, dass wir in Not sind und dass wir nicht in Hajdúnánás bleiben können. Mein Vater durfte nicht weiter arbeiten. Wir konnten das Vieh nicht mehr auf die Weide hinaustreiben, und als man uns in das Ghetto verschleppte, brachten die Leute die im Stall gebliebenen Tiere weg."*

Wie Emma Farkas weiter erzählt, wurden in Hajdúnánás zwei, drei Straßenzüge bestimmt, wohin die Juden umsiedeln mussten. Drei bis vier Familien mussten sich eine Wohnung teilen. Das Ghetto wurde eingezäunt und bewacht. Es durfte nicht verlassen werden, außer um Lebensmittel einzukaufen. Dann wurde eine Person bestimmt, die Einkaufszettel entgegennahm und in Begleitung eines ungarischen Gendarmen die Einkäufe außerhalb des Ghettos erledigte.

„Etwa zwei Wochen lang, genau erinnere ich mich nicht mehr, waren wir dort. Als dann das Tor geöffnet wurde, hat man uns auf den Hof der Synagoge getrieben. Da hat man uns in der Reihe aufgestellt, und beim Tor stand eine Wache. Der mussten wir alles abgeben: Schmuck, Geld, alles, den letzten Groschen. Falls sie eine Uhr, einen Ring, eine Kette erblickten, nahmen sie es weg. In Reihen aufgestellt trieb man uns zum Bahnhof. Es war inzwischen schon spät am Abend. Unsere ungarischen Mitbürger begleiteten uns zwei Stunden lang. Dass dies mit Bedauern geschah, haben wir nicht gefühlt.

Auf dem Bahnhof, da waren Wagons, Viehwagons, in die wurden wir hineingepfercht, sodass man sich sogar nicht setzen konnte, wir und das, was wir mitgenommen hatten, das Wichtigste, Bettzeug und die noch gebliebenen Lebensmittel. Wir wussten ja nicht, wohin wir verschleppt werden.

Wir fuhren bis Debrecen, in die Ziegelei. Dort mussten wir aussteigen und wurden in die Ziegelei getrieben. Hier haben wir zwei, drei Nächte auf dem nackten Boden, ohne ein Dach über uns, verbracht.

Wir waren schon in großer Angst. Wir wussten überhaupt nicht, wohin man uns bringt. Es erschien uns beängstigend, als wir wieder aufgefordert wurden, uns in der Reihe aufzustellen, separat die Großfamilien und separat die kleinen. Zu dieser Zeit waren schon deutsche Offiziere und SS-Soldaten dabei. In der Ziegelei von Debrecen erwarteten uns schon ganz junge, 16-17jährige SS-Leute. Die waren äußerst unbarmherzig uns gegenüber.

Und dann weiter. Wir wurden wieder einwagoniert. Wir waren eine große Familie und hatten Angst, dass mit großen Familien etwas passiert und dass die eventuell ausgerottet werden, weil solche Nachrichten kamen. Wir entschlossen uns, dass meine ältere Schwester mit ihrem Sohn separat sein sollte, damit wir weniger sind. Obschon wir uns in zwei Teile trennten, wurden wir mit meiner älteren Schwester zusammen in denselben Wagon gepfercht. Wir saßen in demselben Wagon."

Als sie in Auschwitz ausstiegen, wurden sie wie üblich angewiesen, das Gepäck im Wagon zu lassen. *„Dann wurden wir in zwei Gruppen getrennt. Diejenigen, die ein Kind hatten, zusammen mit den Alten auf die linke Seite, die jüngeren auf die rechte. Meine Geschwister und ich, wir kamen auf die rechte Seite. Mein Vater konnte nur noch sagen: ‚Kinder, passt auf das Gepäck auf!' Aber wir konnten von dort schon nichts mehr mitnehmen. Und meine ältere Schwester stand neben meinem Vater. Da sie ein Kind gehabt hat, wurde die Mutter mit dem Kind zusammen ermordet."*

Es begann die Aufnahmeprozedur ins Lager. *„Wir wurden zur Desinfektion gebracht. Dort wurden wir vollkommen kahl geschoren, unten, oben, überall, das haben polnische Juden getan. Als wir herauskamen, erkannten wir Geschwister uns nicht. Meine ältere Schwester rief: ‚Wo ist Emma? Wo ist Éva?' Ich sagte ihr: ‚Hier stehe ich, neben dir!' Wir haben uns dort nicht erkannt. Und so wurden wir in das Lager, in die Blöcke getrieben. Kahler Boden, ein Kleid, das, was eben dort war, ein Pyjama oder nur ein Rock mit einem Oberteil oder mit einem Hemdchen. Wir wurden vollkommen ausgezogen, alles wurde weggenommen, und wir waren in diesem Fetzen, der uns gegeben wurde. Schuhe haben wir nicht bekommen, sondern Holzklumpen. Das war unser Kissen. So haben wir geschlafen.*

Wir lagen wie die Heringe in der Dose auf dem nackten Boden. Und wenn man sich drehen wollte, dann mussten sich alle, die nebeneinander lagen, 10 oder 15 Personen in der Reihe, mitdrehen.

Unser Kapo – in der Baracke, in der wir lebten, war es eine Polin – hat uns schon an dem Abend, an dem wir ankamen, den Schornstein gezeigt und erklärt, dass dort unsere Angehörigen verbrannt werden. Aber wir glaubten das nicht. Wir haben immer gehofft!"

Zu tun gab es nichts. Zweimal täglich fand der Zählappell statt. Danach ging Emma Farkas hinter die Baracke. Dort befand sich eine kleine sandige Fläche. Dahin setzte sie sich mit anderen. Sie redeten miteinander, vor allem über gutes Essen.

Wasser war wenig vorhanden. Ein Tankwagen brachte es. Jede hatte einen kleinen Becher, damit sind sie hingerannt, um zu trinken. Sie bekamen eine Waschschüssel, worin sie sich einmal in der Woche waschen durften, fünf Personen in demselben Wasser, zuerst den Oberkörper, danach den Unterkörper.

Auch das Essen wurde für je fünf Personen in einer Schüssel ausgeteilt. *„Da haben wir die Schlucke gezählt, je Person zehn Schlucke, damit alle fünf das Gleiche haben. Das ‚Essen' hat so sehr gestunken, dass ich es nur schlucken konnte, wenn ich dabei meine Nase zusammengedrückt habe. Meine ältere Schwester hat uns sehr bemuttert und gemahnt: ‚Willst du unseren Vater nicht mehr treffen? Esst nur! Zwingt euch zum Essen!' Und wir taten es, weil wir gehofft haben, dass wir unseren Vater und die älteste Schwester noch wiedersehen werden. "*

Häufig gab es Selektionen durch Mengele. Ende September wurden die Geschwister wieder in Wagons verladen, ohne zu wissen, wohin sie gebracht werden sollten. Durch die Ritzen des Wagons konnten sie nach draußen schauen. Emma Farkas erinnert sich an wunderschöne Wälder, die sie während der Fahrt sah, aber auch daran, dass es während des mehrtätigen Transports kaum etwas zu essen und wenig zu trinken gab.

Dann die Ankunft und der Aufenthalt in Bergen-Belsen. *„Es waren dort Zelte und wir lagen auf Stroh. Es war für uns schon ausgezeichnet, dass wir nicht auf dem nackten Boden schlafen mussten. Auch erhielten wir eine Decke, mit der wir uns zudecken konnten. Waschmöglichkeiten standen im Freien zur Verfügung. Im Oktober/November – ich erinnere mich nicht mehr genau – war es schon kalt. Das Wasser floss schon eiskalt aus dem Hahn. Wir zogen uns nackt aus und freuten uns, dass wir uns überhaupt reinigen konnten. Gearbeitet haben wir auch dort nicht, nur gehungert. – Ich erinnere mich an einen Fall, wo eine von uns aus einem Zelt ein Stück herausgeschnitten hatte, weil sie kein Kleid gehabt hat. Wenn die Täterin sich nicht melde, würden wir dezimiert, hieß es. Wir waren ganz aufgeregt, wir Geschwister standen in der Reihe, hielten unsere Hände. "* Wie die Sache ausging, weiß Emma Farkas nicht mehr.

Manche Erinnerungen können verloren gehen, andere sich mit Ähnlichem vermischen. Die Geschwister wurden mehrfach in der Gewalt der SS per Bahn transportiert: aus Ungarn nach Auschwitz, von Auschwitz nach Bergen-Belsen, dann nach Duderstadt und von dort wiederum nach

Theresienstadt. In die Erinnerung an den Transport von Bergen-Belsen nach Duderstadt fließen Emma Farkas beim Erzählen Bilder von der Evakuierung nach Theresienstadt ein, die sie später doch wieder richtig zuordnet.

In Duderstadt musste sie Patronenhülsen kontrollieren. Der Hunger und der Kampf um Essbares ist ihr besonders lebendig im Gedächtnis geblieben. *„Meine jüngere Schwester wurde zur Küchenarbeit ausgesucht, weil sie so jung war. Sie hat dort Hilfsarbeit geleistet, abgewaschen, Grünzeug geputzt und ähnliches. Es geschah einmal, dass eine Person in der Küche krank wurde. Meine Schwester hat mich vorgeschlagen und ich bin mit großer Freude gegangen. Als wir aus der Küche herauskamen, lagen dort Pferdefleisch und große Pferdeknochen. Ich erinnere mich, dass ich einen braunen Mantel angehabt und einen Knochen unter den Mantel gesteckt habe. Ich wollte den Knochen meinen Geschwistern in das Lager bringen, damit sie ihn abnagen können. Als wir in der Reihe standen und die Aufseherin uns abzählte, bemerkte sie, dass mir unter dem Mantel etwas hervorstand. Sie fragte, was dort zu finden wäre. ‚Trag es zurück zur Küche!', sagte sie. Ich ging zurück und steckte den Knochen in den Ärmel des Mantels. Aber auch das hat sie bemerkt. Und ich habe Ohrfeigen bekommen, dass ich tatsächlich die Sterne gesehen habe."*

An einen ähnlichen Vorfall, der ihre Cousine betraf, erinnert sie sich ebenfalls. Diese hatte im Keller Kartoffeln und anderes zu sortieren. *„Sie hat ihre Hose zusammengebunden und mit Kartoffeln, Rüben und Grünzeug vollgepackt. Sie hat also gestohlen und wurde erwischt. Sie wurde so geschlagen, dass sie krank davon war."*

Die Evakuierung von Duderstadt in das KZ Theresienstadt bezeichnet Emma Farkas als eine entsetzlich lange und schwere Reise. *„Wir sind viel zu Fuß marschiert, und wenn Wagons vorhanden waren, fuhren wir mit dem Zug. Es kam auch vor, dass die Wagontüren geöffnet wurden, damit wir aussteigen und unsere Bedürfnisse erledigen konnten. Wir haben dabei nach etwas Grünem zu essen gesucht, weil wir nur ein kleines Stückchen Brot bekamen.*

In Wolfen hat man uns in ein leeres Lager gebracht. Ich weiß nicht, wer dort gewesen war. Dort haben wir ein oder zwei Nächte verbracht. Dort war die Agfa-Fotofilmfabrik. Einige von uns haben Deutsch gesprochen und verstanden, dass die Amerikaner schon am Rande der Stadt waren. Während des Appells haben mehrere die Reihe verlassen und sind geflüchtet.[21] *Wir haben es nicht gewagt, weil man zu Fünft nicht auf einmal fliehen konnte. Meine ältere Schwester hat gesagt: ,Kinder, wir wollen nach Hause gehen und werden unseren Vater treffen. Es mag sein, dass er uns schon erwartet.' Diese Hoffnung war immer noch in uns."*

Die Geschwister haben also den Evakuierungstransport bis Theresienstadt mitgemacht und auch den Fliegerangriff bei Lobositz erlebt. *,,Wir saßen in den Wagons auf dem Boden. In dem Wagon hinter uns schlug eine Bombe oder eine Granate ein. Eine Mutter mit ihren beiden Töchtern befand sich in diesem Wagon. Dahin schlug die Bombe ein und riss den Kopf der jüngeren ab."* Es sei erzählt worden, das Haupt wäre in den Schoß der Älteren gefallen, aber sie selbst habe das nicht gesehen.

In Theresienstadt trafen sie jüdische Familien aus Ungarn. *,,Wie sind die hergekommen? Sie sagten, dass sie aus Österreich hergeschleppt wurden und fragten: ,Woher seid ihr gekommen?' Wir antworteten: ,Aus Auschwitz.' – ,Unmöglich', meinten sie, ,unseres Wissens wurden dort alle vergast.' – ,Aus Zufall sind wir am Leben geblieben.'"*

Es gab das Gerücht, so Emma Farkas, die Deutschen würden das Lager Theresienstadt sprengen. Doch das geschah nicht. *,,Die Befreiung war eine riesige Freude. Die Russen haben das Tor geöffnet und warfen uns Schokolade und Kekse zu. Wir gingen in die Stadt hinaus. Die Deutschen flohen in alle Richtungen. Wir traten in leere Häuser ein, alles war offen, die Betten, die Schränke. Wir haben nur die Speisekammer gesucht. Aber wir haben keine Lebensmittel gefunden. Da uns Kleidung fehlte, haben wir mehrere Kleider angezogen."*

Die Geschwister mussten noch eine Zeit lang in Theresienstadt bleiben, bis sie entlassen wurden und die Erlaubnis erhielten, mit dem Zug nach Hause zu fahren – *,,natürlich auf dem Dach des Zuges, wir waren eine ungeheure Menschenmasse. Einigen gelang es, in die Coupés zu kommen, aber nicht uns. Wir drei saßen auf dem Dach des Zuges, aber nicht wir allein. Wenn ein Tunnel kam, wurde von vorn geschrieen, damit alle den Kopf einzögen. Wir haben uns zusammengekauert, damit wir nicht in die Tiefe fielen.*

Als wir in Budapest ankamen, hat JOINT schon funktioniert. Wir wurden mit Kleidung, mit Essen versehen, sogar ein wenig Geld haben wir bekommen. Auf dem Weg nach Hajdúnánás hat ein russischer Soldat meine Schwester angegriffen und uns ausgeraubt. So sind wir einzig mit

---

[21] Siehe dazu den Bericht von Marta Schweitzer im letzten Kapitel..

einem Kleid in Hajdúnánás angekommen. "

Ein großer Gasthof diente als Sammelunterkunft für die nach und nach zurückkehrenden Juden, die auch hier von JOINT versorgt wurden. Da kamen die Schwestern zunächst unter, weil im Elternhaus inzwischen Fremde wohnten und sie warten mussten, bis die ausgezogen waren. Die Wohnungseinrichtung war geplündert. Die Geschwister gingen Hinweisen nach, wohin ihr Eigentum gebracht worden war, und erhielten einige Möbel zurück.

Die ungarischen Einwohner des Orts verhielten sich sehr gleichgültig. *„Meine christliche Freundin hingegen, die vis-à-vis von uns lebte, kam sofort herüber, als sie entdeckte, dass wir zurückgekommen waren. Und sie hat die Nachricht von ihrer Mutter überbracht, dass sie mich mit Kleidern von ihr beschenken wolle. Meine Freundin war sehr anständig. Als ich sie* [vor der Deportation] *noch mit dem gelben Stern auf der Stra-ße traf, hat sie sich bei mir eingehängt. ‚Tu das nicht', sagte ich, ‚weil ich den Judenstern trage.' – ‚Das kümmert mich nicht', war die Antwort.' Sie war eine Christin. Auch unter denen gab es anständige Menschen."*

Im September 1945 heiratete Emma Farkas. Ihr Mann war im ungarischen Arbeitsdienst gewesen und zuletzt nach Deutschland gelangt. Ursprünglich wollte er nicht nach Ungarn zurückkehren, sondern zu Verwandten nach Australien reisen. Als er aber erfuhr, die Farkas-Mädchen seien zu Hause, kam auch er nach Hajdúnánás. Das junge Paar zog auf das Gut seiner Eltern, die aus Auschwitz nicht zurückgekommen waren, aber nicht für lange, weil die Kommunisten den Besitz enteigneten.

„Danach hat mein Mann als ‚Kulak'[22] nirgends eine feste Stelle bekommen. Er hat alles Mögliche gearbeitet. Er hat LKW beladen und jede Arbeit, die kam, angenommen, weil er musste. Zehn Monate später wurde mein Sohn geboren. Schließlich wurde er im staatlichen Viehhandelsbüro angestellt."

Ein Cousin wanderte nach Israel aus, ihr Bruder nach Sydney, zwei Schwestern gingen nach Kanada. 1947 oder 1948 versuchten auch Emma Farkas und ihr Mann, Ungarn mit ihren inzwischen zwei Kindern illegal zu verlassen. Drei Fluchtversuche unternahmen sie und wurden jedes Mal gefasst. Die beiden ersten Male kamen sie jeweils mit einer Verwarnung davon. Ihre Schwester war zu dieser Zeit schon in Österreich. Heimlich korrespondierten sie mit ihr. Die Schwester drängte sie weiter dazu, Un-

---

[22] Kulak = russischer Großbauer, der Landarbeiter beschäftigte.

84

garn zu verlassen, und lud sie zu ihrer Hochzeit nach Linz ein. Dieser Brief wurde abgefangen. Fortan wurden sie unbemerkt beobachtet. In Budapest trafen sie sich in einer Konditorei mit einem Fluchthelfer und besprachen mit ihm, dass er sie bei Hegyeshalom über die Grenze führen werde. *„Als wir dort aus dem Zug stiegen, hörten wir: ‚Da ist die Familie angekommen, die zur Hochzeit fährt.‘ Wir waren in den Händen der AVO, der Staatssicherheitsbehörde. Fliehen konnten wir nicht. Wir wurden verhört. Die Tür war offen, das Kind hüpfte draußen hin und her. Wir versuchten, die Unschuldigen zu spielen.“* Das war vergebens. Emma Farkas wurde zu zehn Monaten, ihr Mann als Hauptschuldiger zu anderthalb Jahren Gefängnis verurteilt, die sie auch verbüßten.

Als sie wieder nach Hause kam, wurde sie Friseurin. Ein guter Bekannter verhalf ihr zu einer Anstellung in der Friseur-Genossenschaft, indem er fälschlich bestätigte, sie habe früher eine Lehre als Friseurin begonnen, aber die Ausbildung wegen der Judengesetze nicht beenden können. Nach einem Kurs von sechs Monaten begann sie mit der Arbeit. *„Das hat mir sehr gefallen. Ich wollte auch immer Friseurin werden. Mein Vater hat nur nicht gewünscht, dass ich Männer rasiere. Aber ich habe nur den Teil für Frauen erlernt. Wir haben ganz gut davon gelebt. Und als es meinen Geschwistern im Ausland immer besser ging, haben sie uns Pakete und alles, was sie konnten, geschickt. Ich habe vieles auf dem Markt verkauft. Ich kann sagen, meine ganze Wohnungseinrichtung stammt daher.“*

Die Monate in der Gefangenschaft der SS blieben nicht ohne Auswirkungen. *„Sehr, sehr viel Zeit war nötig dazu, dass wir verstanden, was passiert war und wir unsere Ruhe gefunden haben. Lange Monate vergingen, in denen wir noch hofften, dass unser Vater und unsere ältere Schwester zurückkehren würden. Das blieb nur ein Traum. Tief in unseren Herzen sind unsere Eltern bis heute. – Als wir in Auschwitz waren, haben wir nicht mehr an Gott geglaubt. Wir haben vergeblich gefragt, wo er sei. Wir konnten danach unsere Religion nicht mehr so ausüben, wie wir darin erzogen worden waren. Bedauerlicherweise sind wir von unserer Religion sehr weit abgekommen. Tief in unserem Herzen bewahren wir noch unseren Glauben, aber ohne die schönen alten Sitten. Zweimal im Jahr, zu den großen Feiertagen, gehen wir in die Synagoge. Zu Ehren meiner Eltern halte ich es noch ein, dass ich am Freitagabend Kerzen anzünde und am Samstag nicht koche. Aber von einem koscheren Haushalt kann nicht gesprochen werden.“*

Dass der Antisemitismus in Ungarn gegenwärtig wieder auflebt, ängstigt Emma Farkas. *„Nicht wegen uns selbst. Ich bin schon pensioniert. Jedoch meine Familie, meine Enkelkinder, Urenkelkinder! Also wegen der Kinder!"* Einer der Söhne ist Oberingenieur bei der Wasserdirektion in Miskolc, der andere ein selbständiger Unternehmer. Fotos von ihnen und ihren Familien stehen im Wohnzimmer.

Am Ende des Geprächs ist es Emma Farkas, die sich bedankt, und zwar dafür, *„dass man sich überhaupt noch damit befasst. Ich hoffe, dass man meiner Erzählung glauben wird und dass man zur Kenntnis nehmen wird, was wir alles mitmachen mussten. Gewiss wird man etwas finden, das zu berichtigen ist, aber nach 64 Jahren erinnert man sich schon nicht so gut."*

Judit Nyitrai:

„Je schwerer etwas ist, desto besser hält man doch zusammen"

Judith Nyitrai trafen wir 1988 zum ersten Mal. Sie besuchte damals Duderstadt, zusammen mit ihrem Sohn Paul, und erklärte: *„Ich habe immer daran gedacht, dass ich möchte gut angezogen und mit sattem Magen noch einmal daher kommen und ansehen, wo ich war, im Lager und in der Fabrik."* Wir blieben in Verbindung und sie war bereit, uns 2005 an zwei Tagen in ihrer Wohnung in Budapest die Geschichte ihres Lebens zu erzählen. Sie nahm dabei die zusätzliche Anstrengung auf sich, dies in deutscher Sprache zu tun. *„Ich bin, das weißt du bereits, am 24. Jenner 1924 geboren. Und ich erinnere mich, als ich sechs Jahre alt war, habe ich zu Hause ein Fräulein gehabt, das mit mir deutsch und englisch sprach. Was ich damals gelernt habe, an das erinnere ich mich und so spreche ich jetzt, denn später habe ich diese Sprache nie benutzt."*[23]

Geboren wurde Judit Nyitrai in Pécs in Ungarn, das mit deutschem Namen Fünfkirchen hieß. Sie war die Jüngste in der Familie Spitzer, ein Nachkömmling. *„Die Schwester war 16 Jahre älter als ich und der Bruder war 15 Jahre älter. Ich hatte noch eine Schwester, die gestorben ist. Sie wurde elf Jahre alt. Und darum bin ich später geboren. Ich war, denke ich, sehr verwöhnt. Meine Schwester und der Bruder waren mir fast wie Mutter und Vater. Meine Tanten und die Onkel erschienen mir alle als sehr alte Leute, auch meine Eltern. Meine Mutter ist 1887 geboren und mein Vater 1877."*

Die Eltern besaßen in Pécs ein ziemlich großes Eisenwaren- und Lebensmittelgeschäft. *„Es war ein Eckhaus und die Wohnung war oben im ersten Stock. Meine Eltern arbeiteten im Geschäft. Bei mir war das Fräulein. Mein Bruder ging ins Gymnasium, meine Schwester auch. Und später war sie auf der Universität, weil sie ist eine Ärztin geworden."* Der Bruder wünschte zwar, den Beruf eines Bauingenieurs zu ergreifen, aber der Vater bestimmte ihn dazu, im elterlichen Geschäft zu bleiben, das er später übernehmen sollte.

Oben im Haus war auch die Küche, in der eine angestellte Köchin wirtschaftete. Beim Mittagessen traf sich die ganze Familie. Das Essen war nicht koscher, denn die Eltern waren nicht sehr religiös. *„Zweimal im Jahr war das Geschäft gesperrt. Einmal zwei Tage zum Neujahrsfest. Dann waren meine Eltern den ganzen Tag in der Kirche und ich auch. Und außerdem zu Jom Kippur, wenn man nicht essen kann. Ich habe*

---

[23] Sprachliche Unebenheiten haben wir bereinigt, uns aber zugleich bemüht, Eigenheiten des Sprechens von Judit Nyitrai zu bewahren.

auch gefastet, bis ich nach Bergen-Belsen kam. Jom Kippur war am 28. September, da war ich in Bergen-Belsen, und dann habe ich gesagt: ‚Wenn ich einmal nach Hause komme, werde ich nie im Leben mehr fasten.' Und das habe ich auch gehalten. Also, es war eine jüdische Familie, doch nicht so streng. Am Freitagabend haben wir keine Kerze angezündet, aber an den großen Feiertagen ja. Als Ungarn jüdischen Glaubens waren wir assimiliert.“

Fremdsprachen sprechen zu können erschien in der Familie sehr wichtig. *„Meine Eltern sprachen Deutsch. Mein Bruder hat Englisch gelernt und meine Schwester auch Französisch. Zur Intelligenz brauchte man das und nicht die ungarische Sprache, weil Ungarisch doch immer nahe zum Osten war.“* Auch bei der Auswahl der Kindermädchen, die anhand von Fotografien und Lebenslauf ausgesucht wurden, spielten Sprachkenntnisse eine große Rolle für die Entscheidung.

Judit Nyitrai hatte nacheinander zwei Kindermädchen. Besonders gern mochte sie Mimi Heiß aus Passau. *„Sie war eine sehr, sehr herzensvolle Frau. Sie war nicht so jung, für mich war sie alt. Sie hat dann, als sie nach Deutschland zurückging, nach Amerika geheiratet. Ich habe mit ihr korrespondiert. Und nach dem Krieg, als mein Sohn István geboren war, hat sie mir noch Pakete mit Sachen für kleine Babys geschickt.“* Dann brach der Kontakt ab. Judit Nyitrai weiß nicht warum, aber sie vermutet, dass sie in der kommunistischen Zeit der 50er Jahre ihre Briefe nicht erhalten hat.

Zur jüdischen Grundschule durfte sie schon allein gehen. *„Pécs, das war eine kleinere Stadt. Eine Haltestelle der Elektrischen befand sich vor unserem Haus. Und es waren zwei oder drei Haltestellen bis zur Schule. Und was ich von der jüdischen Religion gelernt habe, das habe ich in diesen vier Jahren gelernt.“* Es folgte der Besuch der Bürgerschule und einer mehr beruflich ausgerichteten Schule bis zum Abitur.

Das Gymnasium blieb ihr wegen der ungarischen Judengesetze verschlossen. Darüber hinaus hat sie, zumindest bis etwa 1936, von Antisemitismus nichts gespürt. In der Schule wusste jeder, welcher Glaubensgemeinschaft der andere angehörte. *„Ich hatte auch katholische Freundinnen, aber natürlich sind wir Juden mehr zusammen gegangen, zu den Geburtstagen zum Beispiel.“*

Nach der Schule musste sie ein Jahr nähen lernen. Ihre Mutter vertrat die Ansicht, bevor ein Mädchen heirate, müsse es dies können. *„Und dann bin ich in eine Klinik gegangen, wo ich neben den Ärzten bei der*

Operation geholfen habe." Das war in einer kleinen Stadt in der Nähe von Pécs. Dort war sie von Montagvormittag bis Samstagmittag und fuhr am Wochenende mit dem Omnibus nach Hause.

Den beruflichen Ehrgeiz ihrer Schwester, der Ärztin, hatte sie nicht. *"Meine Schwester heiratete 1937. Mein Schwager war auch ein Arzt. Und immer, wenn ich Sommer- und Winterferien hatte, habe ich sie besucht. Und da habe ich gesehen, wie viel sie und mein Schwager arbeiteten. Sie war Kinderärztin und Hausärztin und war den ganzen Tag, und manchmal in der Nacht auch, beschäftigt. Und sie hatte zwei Kinder, zwei Buben."* Judit Nyitrai schwebten andere Pläne vor. Einen Beruf wollte sie nicht erlernen, sie wollte heiraten, gut leben und zwei oder drei Kinder haben. Auch die politischen Entwicklungen beschäftigten sie nicht. *"Nein, ich hatte etwas anderes im Kopf. Als junges Mädchen hatte ich im Kopf, welche Kleider ich anziehe und wann ich mir Schuhe kaufe. Und nie habe ich gedacht, dass einmal das kommen kann, was gekommen ist."*

Die Eltern verfolgten die Nachrichten über den Verlauf des Zweiten Weltkrieges an den Lautsprechern des Radios. Auch Judit Nyitrai hörte zu, aber ohne sich Sorgen zu machen. Der 19. März 1944 ist ihr lebhaft in Erinnerung geblieben. *"Es war ein Sonntagvormittag. Unser Haus hat Fenster gehabt, die auf eine große Straße hinausgingen. Das war eine Hauptstraße. Und die Deutschen sind ohne Ende marschiert. Und die Nachbarn, sie haben eine Weinhandlung gehabt, standen draußen an der Ecke und haben dort geklatscht und sind gesprungen vor Freude. ,Es sind sehr viele deutsche Soldaten', dachten wir. Später habe ich gehört, es war so, dass sie zur Stadt hinausgegangen sind, dann eine U-Kurve gemacht haben, herum um die Stadt, um wieder hereinzukommen."* Weil es Sonntag war, hielt sie sich gerade zu Hause auf. Zu ihrer Arbeitsstelle konnte sie nicht mehr zurückkehren.

"Zwei Tage später, am 21. März, das war ein Dienstag, wir saßen beim Mittagessen, kamen zwei Gestapoleute ins Haus. Sie sagten, jetzt sollen wir alles, was wir an Schmuck haben im Haus, ihnen geben. Wenn nicht, dann wollen sie morgen kommen und in den Keller gehen und dort schauen, was unter der Erde ist. Wir haben allen Schmuck, den wir in einer Dose und am Finger hatten, hergegeben. Und dann haben sie meinen Vater mitgenommen. Da habe ich ihn das letzte Mal gesehen. Man hat ihn in Pécs bei der ungarischen Polizei eingesperrt. Für zwei oder drei Wochen. Und von dort hat man ihn nach Mauthausen gebracht."

Bis Ende April durfte die Restfamilie in ihrer Wohnung bleiben. Bevor sie dann in ein Ghetto in Pécs umziehen mussten, konnten sie bei guten Nachbarn kleinere Wertgegenstände – Ringe, Porzellan, Gemälde – abgeben, aber nicht sehr viel, weil die sich fürchteten, deswegen belangt zu werden. *„Im Ghetto hat eine Familie, vier oder fünf Menschen, ein Zimmer gehabt. Wir konnten einen Koffer mit uns nehmen, mit unseren Kleidern. Jeder durfte ein Bettzeug bringen, das wir aufgeschichtet haben im Zimmer."* Unter Bewachung durften jüngere Leute das Ghetto zur Arbeit verlassen. *„In einem Garten konnten wir arbeiten. Bezahlung haben wir nicht bekommen. Aber Obst oder Gemüse konnten wir dann nach Hause nehmen. Und ich war in der Stadt in einem Haus, in dem die Juden natürlich schon nicht mehr wohnten. Es war ein sehr schönes Haus und die Gestapo wohnte dort. Ich war in der Küche und dort konnte ich helfen. Abends bin ich wieder zurückgegangen ins Ghetto. Dort war ich mit meiner Mutter, mit meinem Bruder und mit meiner Schwägerin zusammen."*

Im Ghetto befanden sich überwiegend nur Frauen und Kinder, weil viele Männer zum jüdischen Arbeitsdienst eingezogen waren. *„Wir haben gekocht und gegessen. Mit meinen Freundinnen bin ich zusammengekommen. Das war so ein kleiner Zirkel."* Aber auch den Freund hat sie noch gesehen. Der war Arzt und kein Jude. Mit ihm traf sie sich bis zum letzten Tag am Ghettozaun. Er hat ihr Butter zugesteckt, aber auch noch anderes. *„Er hat mir, in einem ganz kleinen Papier, in einem braunen Papier, ein bisschen Gift gegeben. Und ich musste ihm versprechen, dass ich dieses Gift werde nur dann einnehmen, wenn ich sehen werde, dass es nicht weiter geht. Und ich habe dieses Gift mit einer Spange in mein Haar gesteckt. Und als ich in Auschwitz ankam, hat man meine Haare ganz abgeschnitten. Aber noch nach zwei Wochen habe ich gedacht, dass ich, falls etwas Schlechtes kommt, doch ein Gift bei mir habe."* – Nach Ende des Krieges erfuhr sie von anderen, dass dieser Freund wegen der Treffen am Zaun mit drei Monaten Arbeitslager bestraft worden war. Er selbst hat ihr nie davon erzählt.

Bis Ende Mai 1944 wohnten sie im Ghetto. *„Und dann hat man gesagt, jetzt kann ein jeder einen Rucksack mitnehmen. Wir sind in eine Kaserne eingesperrt worden. Dort waren wir drei Tage lang."* Bewacht wurden sie durch die ungarische Polizei. *„Dort waren wir auf der Erde und hundert in einem Saal zusammen, wo zuvor die Pferde waren. Wir haben etwas Essen bekommen. Es war Brot und etwas zu trinken. Wir* *haben gedacht, es ist schrecklich. Aber nach Auschwitz erscheint es nicht so schrecklich. Alles ist relativ. Und dann, eines schönen Tages in der Früh, hat man gesagt, jetzt sollen wir in der Reihe stehen, und dann sind wir zum Bahnhof gegangen und in den Wagon."*

Sie wussten nicht, was auf sie wartete. Es wurde ihnen gesagt, sie sollten zur Arbeit gebracht werden. Judit Nyitrai hat es geglaubt. 80 Personen wurden in einen Wagon gezwängt, ohne Essen, fast ohne Wasser, mit einem Kübel als Toilette. Nicht alle überlebten das. Der Vater einer Freundin starb während des Transports und seine Leiche wurde noch in Ungarn einfach aus dem Zug geworfen.

„Am 4. Juli sind wir in Auschwitz angekommen. Dann sind wir ausgestiegen. Und bei dem Tor, bei dem aufgeschrieben ist ‚Arbeit macht frei‘, standen der Mengele – später erfuhr ich, dass es der Mengele war – und zwei oder vier Soldaten. Sie haben nur nach rechts und links gezeigt. Ich glaubte, dass links gehen die Kinder und die älteren Leute, die Großmütter. Und die werden in einem Lager sein. Vielleicht bekommen sie dort mehr Essen. Und rechts gehen die Jüngeren, die noch arbeiten können. So haben wir das gedacht. Aber dort waren dann slowakische Aufseherinnen und die haben uns schon gesagt: ‚Da, schaut dort das Feuer. Dort geht deine Mutter zum Kamin heraus.‘ Aber ich habe das nicht geglaubt. Ich habe gedacht, vielleicht verbrennt man dort die Kleider oder andere Sachen.

Meine Schwester ist von einer anderen Stadt, ich weiß nicht wann, angekommen. Die ist mit den kleinen Söhnen gleich nach links gegangen. Meine Mutter habe ich im Wagon zum letzten Mal gesehen. Als wir ausgestiegen sind, war dort solch ein Durcheinander, dass ich meine Mutter nicht gesehen habe. Ich war nicht neben ihr, als sie nach links gegangen ist. Ich war unter fremden Leuten. Sie waren aus Pécs, aber ich habe nicht alle gekannt. Später erfuhr ich, dass die Eltern von meinem künftigen Mann dabei waren.

Wir sind in einen großen Saal gekommen. Wir mussten uns ausziehen, ganz nackt. Dann hat man uns alle Haare abgeschnitten. Eine jede hat Schuhe und ein kleines Kleid bekommen, keine Wäsche, nur ein Kleid. Und dann sind wir von Auschwitz dreieinhalb Kilometer zu Fuß gegangen bis Birkenau. Dort standen Baracken. Ich weiß nicht, wie viele in einer Baracke waren. Es gab Baracken mit Betten und es gab Baracken, wo man auf der Erde geschlafen hat. Ich war in einer Baracke, wo wir auf der Erde geschlafen haben, ganz dicht aneinander.

In der Frühe und am Abend war Zählappell. Und dann waren wir immer fünf in einer Reihe und so haben wir auch geschlafen. Wenn einer sich wollte umdrehen, auf die andere Seite, mussten alle fünf sich umdrehen."

Der Zählappell dauerte immer stundenlang. War er morgens vorbei, drängten sie sich dicht aneinander, denn zu dieser Zeit war es im Juli kalt in Auschwitz. Mittags wurde es heiß. *„In den ersten beiden Wochen bin ich immer in Ohnmacht gefallen von der Hitze. Meine Freundin, die Helena Wild, stand beim Appell hinter mir. Sie hat mich so gehalten, dass ich stehen blieb. Die Blockälteste und die Aufseherin haben uns gezählt. ‚B 10 – Stimuje – Nie stimuje.'* [*‚Block 10 – Stimmt – Stimmt nicht.'*] *Aber es hat immer gestimmt, weil dort war doch der elektrische Zaun und niemand konnte weggehen."*

An den Füßen trug Judit Nyitrai Holzschuhe, welche die Haut wund rieben. Deshalb verbrachte sie fünf oder sechs Tage im Krankenrevier. Wenn Mengele kam, zog sie die Decke über den Kopf – weil er nicht sehen sollte, dass sie keine Haare hatte.

Die Bedingungen von Auschwitz wirkten wie ein Schock. *„Aber wir waren zwanzig Jahre alt, nicht sehr viel mehr oder weniger. Wir waren eben jung. Die Alten waren schon nicht dort und wirklich zum Kamin heraus. Ich dachte ganz fest, ich werde nach Hause kommen. Wir sprachen immer davon, was wir essen, was wir kochen, wie wir uns kleiden, wie wir das Bett beziehen werden, wenn wir nach Hause gehen. Davon haben wir immer gesprochen."*

„Je schwerer etwas ist, desto besser hält man doch zusammen", erklärt Judit Nyitrai. Sie spricht über ihre Freundinnen und den Kontakt, den sie mit ihnen gehalten hat. Helena Wild stammte nicht aus Pécs, sie hatte aber dort gearbeitet. Sie kam aus der Slowakei. Dort hat sie später geheiratet und ist nach Israel gegangen. Mehrmals hat Judit Nyitrai in Budapest besucht. Marianna Roth war fünf Jahre jünger. Ihr Bruder lebte in England. So ist sie nach der Befreiung nach England gelangt und hat in Edinburgh geheiratet. Zwei weitere Freundinnen, mit denen sie aber im Lager nicht zusammen war, wohnen in Kanada – Menschen aus Pécs mit dem gemeinsamen Schicksal Auschwitz und dann in alle Welt verstreut. Erst in Duderstadt dachte Judit Nyitrai, dass ihre Mutter und ihr Vater die Gefangenschaft vielleicht nicht überleben könnten. *„Aber ich war sicher, dass meine Schwester mit den Söhnen nach Hause kommen wird. Einmal habe ich meinen Schwager in Auschwitz getroffen. Die Männer waren*

in einem separaten Lager. Dort hat man dazu aufgefordert, dass Ärzte heraustreten und sich melden sollen. Und die mussten dann den Latrinenwagen ziehen. Sie haben ihn durch unser Lager gezogen. Und mein Schwager hat auf einen kleinen Zettel geschrieben, dass er seine Frau und die Kinder sucht, und hat ihn hingeworfen. Ich habe ihn von einem Mädchen bekommen. Am nächsten Tag habe ich aufgepasst zu dieser Zeit und habe meinen Schwager gesehen. Ich habe zu ihm gesagt: ‚Ich bin da, aber ich weiß nicht, wo die Frau mit den Kindern ist.'"

Auszug aus der Tonbandabschrift eines vom Verfasser am 20. 7. 1989 mit Helena Wild in deutscher Sprache geführten Interviews:

„Sie heißt Marianna Roth, hat sie geheißen von zu Hause ... In Auschwitz waren wir im B-III-Lager und das war, wie ich glaube, das war das schlimmste Lager in Auschwitz, weil ich glaube, nicht einmal die Deutschen waren vorbereitet auf so eine Menge Menschen, so dass wir sind auf dem Boden gelegen und von dem Dach ist, hat es geregnet. Und man hat uns geschickt nach C-Lager – das war B III, wo wir waren – man hat uns nach C-Lager geschickt, weil die Menschen haben dort Decken gebracht, und [es] war [ein] ganze[s] Lager von Decken, und man hat uns geschickt, Decken holen. Und zufällig habe ich die Marianna dort gesehen, ein fünfzehnjähriges Kind." – „Haben Sie sie gekannt?" – „Ich habe sie ja gekannt, ja, von zu Hause, und hab' ich sie in eine Decke eingewickelt. So hab' ich sie geschleppt, als ob ich mehrere Decken bring, das ist schwer. Und so ist, so war sie die ganze Zeit mit uns."

Zusammen mit den Zählappellen gliederten die Essenszeiten den Tag in Auschwitz. *„In der Früh haben wir einen Kaffee bekommen. Der war so durchsichtig, dass wir ihn manchmal nicht nur getrunken, sondern das Gesicht oder die Augen damit gewaschen haben, weil wir nur jede zweite Woche ins Bad gingen. Ein Waschraum war dort nicht. Und dann haben wir gewartet, bis wir Mittagessen bekommen haben. Das Mittagessen hieß Dörrgemüse. Ich weiß nicht, ob du schon von Dörrgemüse gehört hast. Das war Holz und Gras und Blätter und Wasser und Ähnliches. Und dann standen wir fünf in einer Reihe. Und zu fünft haben wir in einen Topf Dörrgemüse bekommen. Nacheinander haben wir davon getrunken. Und dann schauten wir: Wenn ich drei Schluck bekam, dann sollte der* *andere nicht fünf erhalten. Zum Abendessen haben wir in Auschwitz ein Brot bekommen. Das haben wir in fünf Teile geteilt. Dazu ein Stück Wurst oder ein bisschen Margarine oder ein bisschen Marmelade – die hieß Hitlerfett."*

Wöchentlich einmal konzertierte ein Lagerorchester. Judit Nyitrai erinnert sich noch an den Schlager „Jalousie", der gespielt wurde. Auch wenn es regnete, mussten sie stehen und der Musik zuhören.

Fast drei Monate blieb sie in Auschwitz. Nach einer Selektion wurde sie mit dem Zug nach Bergen-Belsen transportiert. *„Wir sind durch Celle gefahren. Ich habe aus dem Wagon herausgeschaut und dort war Celle geschrieben. Dann sind wir ausgestiegen und dort war ein Wald. Ich habe eine Tafel gesehen: ‚Zur Schießstelle'. Und da habe ich gedacht, man wird uns erschießen. Aber dann sind wir in Bergen-Belsen angekommen. Man hat uns warmes Essen gebracht und jeder hat eine Decke erhalten. Und das erste Mal haben wir einen Becher bekommen, jeder einen. Das war schon wie im Himmel. Das war ein Lager, wo man leben konnte. Das war relativ gut. Im Zelt haben wir geschlafen, fünf zusammen. Wir hatten fünf Decken, sodass wir zwei Decken unter uns legen konnten und drei haben wir oben gehabt. Es war ein Erholungslager, dass wir ein bisschen stärker werden sollten. Aber später war, wie ich dann gehört habe, Bergen-Belsen schon wieder ein Vernichtungslager."*

In Bergen-Belsen erhielt Judit Nyitrai zu ihrem Kleid aus Auschwitz einen gestreiften Mantel mit einem farbigen Dreieck zu ihrer Kennzeichnung auf der linken Brustseite.[24] Auf dem Rücken war nochmals ein Dreieck aufgemalt.

Von Bergen-Belsen aus wurden die Jüdinnen nach Duderstadt transportiert. Am vierten November 1944 nahmen deutsche Zivilisten sie dort in Empfang. *„Die haben sich angeschaut und ich habe gehört, wie sie sagten: ‚Diese Frauen, die haben keine Strümpfe.' Es war schon ziemlich kalt. Wir haben gedacht: ‚Oh, wie anständige Menschen!' Sie waren anständig, aber Strümpfe haben wir nie bekommen."* Vielmehr haben sie sich Strümpfe selbst gefertigt. *„Aus den Decken haben wir die Wolle herausgezogen. Und eine Freundin von mir aus Pécs hat sich aus Draht Stricknadeln hergestellt. Und sie hat uns Socken gestrickt."*

---

[24] Dieser Winkel wird wohl, entsprechend der Kennzeichnung der KZ-Häftlinge nach den Normen der SS, ein gelb-roter Judenstern gewesen sein mit der Bedeutung „Jüdischer politischer Schutzhäftling".

Im Lager wurden sie auf die Zimmer verteilt, in denen Stockbetten standen. *„Und zwei lagen in einem Bett, ich mit Marianna Roth. Und über mir zwei. In der Fabrik war Tagschicht und Nachtschicht. Wir arbeiteten zwölf Stunden immer. Wenn wir aus dem Bett aufgestanden sind, dann sind die anderen nach Hause gekommen. So haben wir uns abgewechselt im Zimmer.“*

Mit einer Trillerpfeife wurden sie geweckt und in Fünferreihen von den Aufseherinnen zum Polte-Werk geführt. In Halle 17 mussten Helena Wild, Marianna Roth und Judit Nyitrai gemeinsam an einer Maschine arbeiten. *„Eine saß auf einem hohen Stuhl und hat die Maschine gefüllt mit Patronen. Und wir zwei, wir saßen ganz unten und mussten die Patronen anschauen. Ob es überall rund ist und lang genug ist, das mussten wir schauen. Und was wir fertig gemacht haben, das hat man in einen anderen Saal gebracht. Alle haben immer dasselbe gemacht bei derselben Maschine. Auch russische Mädchen waren da. Die waren fast Aufseherinnen für uns. Die waren ein bisschen höher. Sie waren nicht in einem Lager, oder sie waren in einem Lager, aber sie konnten herausgehen. Es war eine lange Arbeitszeit, aber sie verging. Wenn man 20 Jahre alt ist, dann ist nichts schwer.“*

Judit Nyitrai erzählt von einer Strafe, die im Lager Duderstadt angedroht und verhängt wurde. *„Es gab im Lager Zuckerrüben.*[25] *Ich erinnere mich, dass Mädchen in Dunkelheit und Sturm zu den Zuckerrüben gingen. Aber wenn man jemanden erwischt hat, der das gestohlen hatte, dann hat man ihm die Haare abgeschnitten. Das war die Strafe. Das war die größte Strafe, die wir nur erlebt haben, denn wir haben doch jeden Tag geschaut, ob unsere Haare wachsen. Wenn wir nach Hause kommen, dann sollen wir ein bisschen Haare haben. Mir ist es nie eingefallen, dass ich Rüben stehlen will.“*

Das erneute Scheren der Haare war als Strafe auch für Fehler bei der Arbeit angedroht. *„Der Aufseher war aber ein Zivilist. Und der war sehr lieb zu uns. Natürlich waren wir schläfrig und manchmal haben wir es nicht so gut gemacht und es ist etwas zerbrochen. Aber dann ist der deutsche Leiter dorthin gekommen und hat gesagt: ‚Ich werde schauen, vielleicht kann ich aus dem Lager ein neues Teil bringen.‘ Und dann hat er es ausgetauscht. Also dieser Mann, der war wirklich sehr, sehr lieb zu uns. Und manchmal, einmal hat er einen Apfel gegeben, ganz heimlich*

---

[25] Wie auch andere berichteten: eine Zuckerrüben- oder Futterrübenmiete.

natürlich. Bei Tag und bei Nacht war es immer ein anderer, aber beide waren sehr freundlich.“

Die letzte Baracke des KZ-Außenlagers in Duderstadt vor ihrem Abriss 2008, im Hintergrund das Haus, welches 1944/45 als Unterkunft der SS-Wachmannschaft diente

„Die SS-Aufseherinnen und der Obersturmführer, alle Deutschen wohnten im Haus beim Lager. Die Aufseherinnen haben uns abgezählt und bis zur Fabrik begleitet. Sie haben uns angeschrien, aber physisch haben sie nichts gemacht. Auch in Duderstadt gab es eine Kapo. In Auschwitz wohnte die Kapo in der Baracke in einem Zimmer. In Duderstadt aber hat sie nichts direkt bekommen und dasselbe gegessen. Es war eine Frau aus Pécs."

An die Ärztin kann sich Judit Nyitrai nicht erinnern. Dass es in Duderstadt Tote unter den Häftlingen gab und eine Geburt, hat sie damals nicht wahrgenommen. So eng die Beziehung zueinander in der eigenen Gruppe war, so wenig Kontakte gab es offenbar über sie hinaus.

Geburtstage wurden in der Gruppe gefeiert. *„Jeder hat ein bisschen von seinem Brot gegeben. Und dann haben wir mit Marmelade eine kleine Torte gemacht als Geschenk. Und eventuell haben wir gesungen. Das weiß ich nicht. Dann hat immer die, die Geburtstag hatte, ein bisschen mehr bekommen vom Essen."*

Auch religiöse Feiern wurden im Lager abgehalten. *„Neben unserem Zimmer war ein Zimmer mit diesen slowakischen Mädchen.*[26] *Und die haben immer gesungen zu den Festen und gebetet. Das haben wir durch die Wand gehört. Wir waren nicht interessiert, wir beteten nicht. Im anderen Zimmer, die beteten, und das war sehr weit von uns."*

Auch in Duderstadt war sich Judit Nyitrai noch nicht klar darüber, was ihren Angehörigen in Auschwitz widerfahren war. Doch ganz sicher war sie sich dessen, dass die Deutschen den Krieg verlieren werden. *„Unser ganzes Leben war darauf eingestellt durchzuhalten. Darum haben wir gearbeitet, darum haben wir gegessen und darauf haben wir eine Hoffnung gehabt."*

Eines Tages hörten sie Flugzeuge, die ganze Zeit. Die Evakuierung des Lagers begann. Mit Autos, Teilstücke des Weges zu Fuß, wurden sie zu einem Bahnhof gebracht. An den Ort, Seesen, erinnert sie sich nicht mehr. In Duderstadt hatte sie schon weiße Betttücher auf den Dächern gesehen. *„Und dann haben wir von den deutschen Soldaten gehört, dass die Amerikaner schon bei Duderstadt sind. Und dann sind wir auf einem Weg gegangen, wir, die drei Freundinnen zusammen. Und der SS-Soldat hat gesagt: ‚Hier ist ein Wald. Ihr könnt in den Wald hineingehen. In einem Tag sind schon die Amerikaner da. Ihr könnt dort aushalten und*

---

[26] Junge Frauen aus den damals zu Ungarn gehörenden Gebieten der Slowakei.

dann seid ihr befreit.'" Aber sie folgten dem nicht, *„weil wir dachten, dass er uns erschießen will"*.

Von Seesen aus wurden sie mit dem Zug transportiert. *„Aber der Zug fuhr zwei oder drei Stunden und dann ist er stehen geblieben. Dann waren wir dort einen Tag oder drei. Es dauerte drei Wochen, bis wir von Duderstadt nach Theresienstadt kamen."* Unterwegs gab es fast nichts zu essen. *„Im Wagon war Gries. Und jeden Tag haben wir eine Hand voll davon bekommen. Wir hatten eine Blechdose. Und wir konnten ein kleines Feuer machen. Wasser war überall. Und dann im Wasser haben wir Blätter, Gras und den Gries gekocht. Und das haben wir zwei Wochen lang gegessen. Als der Zug in die Tschechoslowakei kam, haben die Einwohner gehört, dass da ein Zug mit Häftlingen ist. Dann haben sie Tag und Nacht eine Küche aufgestellt. Zuerst wurden natürlich die Soldaten satt. Und wir haben zwei oder drei Kartoffeln täglich bekommen und eine kleine Suppe."* – Nachts waren sie im Zug eingesperrt.

Judit Nyitrai berichtet von einem Bombenangriff, ihrer Erinnerung nach in Magdeburg. *„Neben unserem Wagon ist eine Bombe gefallen. Und drei oder vier Mädchen waren dort tot im Wagon. Und dann sind wir weitergefahren. ... In Theresienstadt durften die deutschen Soldaten nur bis zum Tor gehen. Dort waren wir von Ende April bis Mai. Am 8. Mai waren alle Deutschen weg. Und wir waren frei und haben nur russische Soldaten gesehen."*

Das Glück der Befreiung war nicht ganz ungetrübt. *„Es war doch eine sehr große Freude über die Befreiung. Aber von Haus aus habe ich immer gehört, dass oh, wenn die Russen da sind, das ist für uns nicht so sehr gut. So habe ich mich sehr gut gefühlt und zugleich nicht so gut. Ich bin doch sehr dankbar, dass ich von den Russen befreit wurde. Aber dann blieben auch die Russen da, in Ungarn vierzig Jahre."*

Die Fortsetzung des Gesprächs am zweiten Tag beginnt nach dem Verzehr ungarischer Köstlichkeiten in der Küche von Judith Nyitrai. Sie sitzt vor einem Küchenschrank, der noch aus ihrem Elternhaus stammt. Vor ihr liegt ein Bild ihrer Familie.

„Ich bin die Jüngste auf dem Bild. Da bin ich sieben Jahre alt. Neben mir sitzt die Mutter und neben der Mutter der Großvater, die Großmutter und neben mir der Vater. Also von dieser Reihe unten bin ich allein zurückgekommen. Ich bin allein am Leben. Die anderen schon alle nicht.

Oben steht mein Bruder. Er war immer hier in Ungarn[27], er ist nicht in ein Lager gegangen. Und er ist jetzt gestorben, in Australien. Neben ihm ist ein Onkel. Er war in der Sowjetunion als Soldat. Dann seine Frau, sie ist nicht zurückgekommen. Wieder ein Onkel, der ist nach Australien gegangen. Hinter mir steht die Schwester. Und dann wieder ein Onkel. Also auf diesem Bild sind wir elf von der Familie, und die nach dem Krieg am Leben waren sind fünf. "

Bruder György	ein Onkel mit seiner Frau, die 1944 in Ausch- witz ermordet wurde	ein Onkel	Schwester Erzsébet (ermordet 1944 in Auschwitz)	ein Onkel

Großmutter u. Großvater Sándor (beide ermordet 1944 in Auschwitz)	Mutter Angelia (ermordet 1944 in Auschwitz)	**Judit** (ca. 7 Jahre)	Vater Sándor (ermordet in Mauthausen)

---

[27] Der Bruder war zum Arbeitsdienst eingezogen.

Nach der Befreiung blieb Judit Nyitrai noch etwa zehn oder zwölf Tage in Theresienstadt. *„Und dann kamen zwei junge Männer aus Pécs. Die haben überall im Lager nachgesehen, wo Männer, Frauen und Mädchen aus Pécs sind. Und dann haben sie uns nach Prag geführt. Dort haben wir in einem Haus, wo das Rote Kreuz war, einen Pass für die Fahrt bekommen und sind zum Bahnhof gegangen. Vielleicht eine Woche haben wir gewartet, bis ein Zug kam, der nach Ungarn und nach Budapest fuhr. Der Zug blieb stehen in Pozsony[28], das war einmal ungarisch und dann später schon nicht. Dort haben wir wieder zwei Tage im Bahnhof auf dem Boden gelegen. Und dann endlich ist wieder ein Zug gekommen. Auf dem Dach des Waggons sind wir nach Budapest gefahren. Ich hatte einen Onkel in Budapest. Zu ihm bin ich gegangen und habe vielleicht eine Woche bei ihm gewohnt. Es gab noch keinen Zugverkehr nach Pécs. Einmal kam ein Lastauto, die Pécser waren dann zusammen und so konnten wir nach Hause fahren. Mein Bruder war schon in der Wohnung. Das war doch ein sehr gutes Gefühl, wieder zu Hause zu sein. Aber dann war mir schon klar, dass nur mein Bruder nach Hause kam und niemand sonst von meiner Familie."*

In der Wohnung hatten inzwischen fremde Leute gewohnt. Die Möbel waren noch vorhanden. Von den Nachbarn bekamen sie Bilder, Teppiche und anderes zurück. Und irgendwie musste es mit dem Leben weitergehen. *„Als Erstes habe ich den ganzen Tag gekocht. Das war für mich sehr wichtig. Und dann habe ich Kleider nähen lassen, aus Tischtüchern, aus Bettsachen, denn sonst war nichts da nach dem Krieg. Schuhe habe ich beim Schuster machen lassen. So lebte ich mit meinem Bruder zu zweit. Und dann kam mein künftiger Mann. Er war in einem russischen Gefängnis, aber schon drei Monate früher nach Hause gekommen. Er hatte eine Frau und ein kleines Kind, aber sie sind nicht zurückgekehrt. Und nach einem Jahr hat er gesagt, dass ich ihn heiraten soll. Und dann war es so. Die Männer, die waren alle verheiratet. Und die Frauen und die Kinder sind alle links gegangen und getötet worden. So sind die Männer nach Hause gekommen. Und wir, die jungen Mädchen, waren dann zu Hause. Und so kam es, dass der Mann nicht in meinem Alter war, der mich hofiert hat. Viele jüngere Männer aus dem Arbeitsdienst sind nicht zurückgekehrt."*

Das Geschäft blieb noch bis 1950 in ihrem Besitz, dann wurde es

---

[28] Ungarischer Name für Bratislava.

verstaatlicht. Sie überlegten, ob sie ins Ausland gehen sollten. Der Bruder wanderte nach Australien aus und dachte, dort werde es freier und besser sein. Judit Nyitrai zog mit ihrer Familie nach Budapest. In Pécs war der Sohn István geboren worden, in Budapest kam sein Bruder Paul hinzu. Ihr Mann erlitt eine erste Herzattacke und deshalb wollte sie mit ihm und zwei kleinen Kindern die Ausreise nicht wagen.

Ihr Mann wusste, was sie erlitten hatte. Den Kindern erzählte sie es erst viele Jahre später. *„Meine Kinder wurden erzogen, ohne zu wissen, dass sie Juden sind. Sie haben es erst erfahren, als sie 16 oder 18 Jahre alt waren. Aber es kümmerte sie nicht. Jetzt, wo sie älter sind, fühlen sie schon viel tiefer die Sachen. Aber die Jungen, die waren gar nicht geschockt.“*

Mit István, dem Ältesten, und seiner Frau besuchte sie Auschwitz. *„Und ich habe die Filme gesehen und die Baracken und das Tor, wo ‚Arbeit macht frei‘ steht, und das Museum. Das hat in meinem Herzen gar nichts gemacht. Ich habe das so angeschaut wie ein ganz fremdes Museum. Und dann sind wir nach Birkenau gegangen. In Birkenau stehen die drei Krematorien, aber ganz zerstört. Und dort habe ich zum ersten Mal das Gefühl gehabt, dass ich auf einem Friedhof bin. Das hat mich tief berührt.“*

Das Museum Auschwitz ist nicht das Auschwitz von damals. Aber Birkenau ist der Friedhof der Mutter von Judit Nyitrai, ihrer Schwester samt deren Kindern und weiterer Verwandten. Die inzwischen über Achtzigjährige möchte nicht, dass jene Zeiten vergessen werden. Sie hofft und setzt auf die Einsichtigen. Am Ende des filmisch aufgezeichneten Gesprächs äußert sie: *„Vielleicht, wenn zehn Kinder dieses Video anschauen, werden womöglich acht sagen, das ist ein Blödsinn, das ist vielleicht nicht einmal wahr. Aber vielleicht zwei werden sagen: ‚Oh, das war wirklich so. Da müssen wir vorwärts sehen und so leben, dass das nie mehr geschehen soll.‘“*

Marta Schweitzer:

„Jede Minute, die wir noch leben, ist von Nutzen"

Ende April 1945 schenkte in Bitterfeld ein ehemaliger französischer Kriegsgefangener der jüdischen Ungarin Marta Schweitzer ein leeres Rechenheft. Sie, gerade erst siebzehn Jahre alt, war wenige Tage zuvor aus der mörderischen Gewalt des NS-Staates befreit worden und schrieb nun in einer Nacht die Geschichte der letzten Wochen ihrer Gefangenschaft nieder, Erinnerungen, die sie bändigte durch distanzierende Ironie. Diese Aufzeichnungen sind nachstehend in der Übersetzung von Stephanie Billib wiedergegeben. Sie handeln von der Evakuierung aus dem Außenlager Duderstadt des KZ Buchenwald durch die SS, von der Flucht bei Wolfen aus dem Transport nach Theresienstadt sowie von den bedrohlichen Umständen einer erneuten Gefangennahme mit schließlich glücklichem Ausgang. Einzelne Irrtümer und Eigenheiten des Textes sind um möglichst großer Treue zum Original willen beibehalten. Einzig die Erzählzeit wurde so korrigiert, dass einheitlich das Präsens verwendet wird. In den ungarischen Originaltext eingestreute deutsche Wörter sind in kursiver Schrift wiedergegeben. Die Verfasserin wird in diesem Buch um der Anonymisierung willen mit ihrem Geburtsnamen benannt. Hier ihr Text:

Bitterfeld, 29. April 1945
Jetzt bin ich ein Jahr, nachdem ich Sklave wurde, wieder frei und frei kann ich der Vernichtung des Volkes bis zum Ende zusehen, das auch mich zerstört hat. Es hat keinen Sinn, dass ich es vom ersten Tag an aufschreibe, denn für meine 600.000 Kameraden war es genauso und sicherlich werden Berufenere darüber Bücher schreiben. Ich möchte nur gerne die Ereignisse des letzten Monats niederschreiben bzw. was ich in den letzten paar Wochen durchlebt habe und wie ich jetzt lebe.

Also ...

Die Fabrik steht still: fünf Monate Sommerfrische in Auschwitz und ein Monat in Belsen-Bergen. Jetzt arbeiten wir hier in einem riesigen Kriegsbetrieb bei Buchenwald: in Duderstadt. Fünf Monate lang haben wir unter fürchterlichen Umständen täglich 15 Stunden gearbeitet, aber schon zwei Wochen steht die Fabrik still und 750 Mädchen horchen zitternd auf die von immer näher zu hörenden amerikanischen Geschütze.

Most egy évre rá, hogy rab lettem ismét szabad vagyok és szabadon nézhetem végig annak a népnek pusztulását amely engem is tönkretett. Első napjától kezdve nincs értelme hogy leírjam, mert 600.000 társamé is ugyanaz volt és bizonyára erre hivatottabbak fognak erről könyveket írni. Én csak az utolsó hónap eseményeit szeretném leírni ill. amit az utolsó pár hétben átéltem és ahogy most élek. Tehát ....

Áll a gyár: öt hónapi nyaralás Auschwitzban, egy hónap Belsen-Bergen-ben. Most itt dolgozunk egy hatalmas hadiüzemben Buchenwald mellett: Duderstadtban. Öt hónapon keresztül borzalmas körülmények között napi 15 órát dolgoztunk, de már két hete áll a gyár és 750 lány hallgatja reménykedve a mindég közelebbről hallatszó amerikai ágyukat. Korgó gyomorral de tele reménnyel ülünk a priccsek tetején és figyeljük az ágyúszót. Már közelebbről hallatszik, már nem lehetnek messze. És ha eljön az éjszaka megkezdődik a kísértetjárás. A csontvázak leszállnak a priccsekről és kimásznak az ablakon és megindulnak a marharépa verem felé. Lopjuk a répát, nem baj ha meglát a poszt és tüzel ránk, nem baj ha levágják legdrágább kincsün-

Mit knurrendem Magen, aber voller Hoffnung sitzen wir oben auf den Pritschen und lauschen dem Kanonendonner. Es hört sich schon näher an, sie können nicht mehr weit sein. Und wenn es Nacht wird, beginnt der Spuk. Die Skelette steigen von den Pritschen und klettern aus dem Fenster und wandern in Richtung der Futterrübenmiete. Wir stehlen die Rüben, egal, ob uns der Posten sieht und auf uns schießt, egal ob sie uns den größten Schatz, unser drei Zentimeter langes Haar, abschneiden. Wir wollen nicht verhungern, bevor wir die Amerikaner gesehen haben. Man kann ja die Kanonen von so nah hören, morgen sind sie schon da.

Die Fabrik steht still und wir warten ab, was passieren wird.

Wir laufen vor der Befreiung davon: Abends warnt die *Lagerälteste* gutwillig den Kindergarten (so wird im Lager unser Zimmer genannt, weil hier die 28 jüngsten Häftlinge des Lagers zwischen 13 und 20 Jahren wohnen), dass wir uns bereithalten sollen, denn die SS erwartet für Samstag die Besetzung und uns will sie fortbringen, schon morgen beginnt unser Abtransport. Unser verehrter *Hauptscharführer* möchte, solange es nicht zwingend ist, nicht auf die Amerikaner treffen, aber alleine könnte er höchstens zu Fuß in eine ruhigere Gegend gehen (wenn es im März 1945 im Deutschen Reich überhaupt einen ruhigen Ort gibt). So ist er gezwungen, 750 Häftlinge mitzuschleppen, denn so bekommt er ein Fahrzeug. Die Kleinigkeit interessiert den Herrn *Führer* nicht, dass es für so viele Menschen nicht für einen Tag Lebensmittel gibt und dass sie es sogar schon drei Tage versäumt haben, Essen auszugeben. Die arme *Lagerälteste* hat es ihm auch gesagt, woraufhin er großherzig bekannt gibt, er erlaube es, dass wir an die Viehrübenmiete gehen, wenn es tatsächlich so sei, dass wir schon drei Tage nicht gegessen haben, sogar für unterwegs dürfen wir davon mitnehmen, da würde es sowieso keine „Fütterung" geben. Unsere Hirne sind in diesem Jahr genug abgestumpft, aber dennoch wundern wir uns über so viel menschliche Blödheit, dass sie wirklich glauben, bei durchschnittlich 20 Kilo hätten wir tatsächlich drei Tage gar nichts gegessen und wären alle noch am Leben. Die Wahrheit ist, dass wir nicht verhungern mussten, weil wir unwahrscheinlich viele „Steckrüben" gegessen haben, aber das ganze Lager rennt zum Klo, die Latrinen werden ausgeleert und der Gestank hängt wie eine dichte Wolke im Lager. Aber wer kümmert sich darum, daran haben wir uns durch das Latrinenputzen in Auschwitz wirklich gewöhnt. Unsere tapferen SS-

Wachen laufen mit vor die Nase gehaltenem Taschentuch im Lager umher und sind sehr traurig. Sie bedauern nicht uns, sondern unsere *Aufseherinnen*, die ihre SS-Kleider abgelegt haben und in Zivil auf ihren Koffern sitzen und sich über die amerikanischen Soldaten unterhalten, jede ein englisches Wörterbuch in der Hand und ohne Beachtung für ihre treuen Schlafgefährten. Mit erneuter Kraft machen wir uns über die Miete her und freuen uns, dass wir uns nicht nachts um „Essen" kümmern und die Schalen in den Strohsack stecken müssen. Inzwischen hat der *Hauptscharführer* einen Lastwagen erhalten und der Abtransport beginnt. Den ersten Transport haben sie schon fortgebracht. In Seesen wartet schon der gute alte Viehwagon und da wird einwagoniert. Das Auto wird zurückerwartet für den nächsten Transport. Der Regen strömt unvorstellbar und der Geschützdonner kommt immer näher. Achtundzwanzig naive, dumme Mädchen stecken im Kindergarten die Köpfe zusammen und flüstern von Flucht. Und in der Nacht beginnt der Tanz. Im Lager, das von riesigen Scheinwerfern ausgeleuchtet wird, sammeln sie die Mädchen ein, denn das Auto ist wieder da.

Und jede gruselt sich vor dieser nächtlichen Fahrt, denn diese Nacht ähnelt den Auschwitzer Nächten, wenn die Lastwagen kamen und die schreienden Menschen einsammelten und ins Gas brachten. Werden sie uns auch wirklich nach Seesen bringen zum Einwagonieren und nicht nach Buchenwald zum Töten? Aber Unsinn, Buchenwald ist sicher schon befreit.

Der Kindergarten liegt zitternd mit zusammengebissenen Zähnen auf den Pritschen. Nein, keine Rede davon, wir gehen nicht fort, wir warten hier auf die Amerikaner. Wir ziehen die Decken weit über unsere Köpfe, die SS sieht in unseren Raum, Stille und Dunkelheit, hier ist keiner mehr, sagen sie und gehen hinaus. Dann verstummt der Lärm allmählich, wahrscheinlich ist auch dieser Transport abgefahren! Man muss nur still bleiben, damit sie einen nicht bemerken. Auch am nächsten Tag gehen die Transporte einer nach dem anderen, der Kindergarten bleibt still. Wir sind sicher, dass wir vergessen wurden. Wie dumm wir sind. Nach einem Jahr kennen wir sie nicht genug, um zu wissen, was auch geschieht, gezählt werden wir immer. Freitagnachmittag großer Lärm, Gerenne, wir kommen kaum zu uns, da werden wir schon mit Schäferhunden aus den Blocks getrieben. Es sind noch etwa hundert Menschen im Lager. Armer kleiner Kindergarten, wir haben Pech, im strömenden Regen auf offenem Lastwagen wie die Heringe zusammengepfercht, im Brotbeutel ein paar halb verfaulte Futterrüben, so beginnt die Flucht vor der Befreiung. Der Lastwagen rast durch die mit Rot-Kreuz- und weißen Fahnen beflaggte Stadt, deutsche Einheiten laufen auf dem Rückzug an uns vorbei und wir hören deutlich vom anderen Ende der Stadt die amerikanischen Geschütze. Sie kommen zum einen Ende herein, uns bringt man zum anderen hinaus. Das Auto rast mit uns und auf unseren Gesichtern fließen in Strömen das Regenwasser und die Tränen. ------

Wir fahren nur zehn Kilometer mit dem Auto, dann nehmen Soldaten es uns weg und wir müssen zu Fuß weitergehen. Im strömenden Regen schleppen wir uns barfuß weiter, so schwach sind wir, wir haben ja fünf Tage nichts anderes als Futterrüben gegessen. Spät in der Nacht erreichen wir eine Stadt, angeblich bekommen wir hier ein Auto und fahren weiter. Wir haben zwei dumme alte Wachleute. Die alten Posten sind in der Regel gute, aber wir haben auch damit so viel Pech wie mit allem. Dem einen ist ein blödes Grinsen im Gesicht eingefroren (wohl möglich, dass es tatsächlich festgefroren ist, so kalt ist es), der andere wiederum ist ein sadistischer alter Hund. Wen er erwischt, den schlägt er mit dem Gewehrkolben, und andauernd schießt er über unseren Köpfen herum. Endlich halten wir an einer Straßenecke an und warten auf das Auto. Da stehen wir stundenlang, bis auf die Knochen nass, müde, hungrig. - Ach, habe ich gefroren – während dieses einen Jahres habe ich viel gefroren, aber so noch nie. Ich weine schon vor Qual, jeden Knochen hat die Kälte einzeln erfasst und meine Beine und Arme sind ganz steif. Gegen Morgen kommt der *Hauptscharführer* und bringt uns in ein polnisches Arbeitslager. In einem kalten, leeren Raum fallen wir glücklich auf die Erde. Ich schlafe sofort ein. Vielleicht eine halbe Stunde später werden wir herausgetrieben, weil das Auto da ist. Es passen nur 40 Mädchen hinauf. Wir gehen zurück. Noch dreimal wiederholt sich dieses Spiel, der Kindergarten bleibt immer zurück. Wir wollen bei allem die Letzten sein. Natürlich haben wir wieder falsch kalkuliert, denn das Auto kehrt kein fünftes Mal zurück und wir müssen wieder zu Fuß weiterlaufen. Wenn ich jetzt zurückdenke, verstehe ich nicht, dass ich die Kraft zum Weitergehen hatte. Sechs Tage lang esse ich rohe Futterrüben, ich bin durchgefroren. Julcsi – meine ältere Cousine – tröstet mich, ich soll nicht so (…)[29] sein, ich esse doch schon ein Jahr Futterrüben. Ja, - sage ich – aber wenigstens waren sie da als Suppe gekocht. Julia beruhigt mich, dass sie so viel gehaltvoller

---

[29] Wort unleserlich.

sind. Wenn es doch nur eine Miete davon gäbe. Aber leider haben wir nur noch zwei Rüben und auch damit müssen wir sparen, denn vor uns liegt Großdeutschland, durch das wir nun wandern müssen, und nirgendwo ist eine Aussicht auf Essen. – Julcsi ist ein guter Kerl, sie hat noch am schlimmsten Ort gute Laune, daneben mein schwarzer Galgenhumor – so gehen wir dann in ganz gutem Seelenzustand weiter. Langsam, sehr langsam kommt unsere kleine Truppe voran, denn alle fünf Minuten kommen die amerikanischen und russischen Flieger und fliegen so niedrig, dass wir in den Wald gehen müssen. Wir bekommen einen neuen Posten, der Sadist ist geflohen. Der neue Posten ist ganz jung und seine Augen sind rot geweint und er sagt zum Grinser, dass er seine Waffe fortwirft, er kann das nicht weitermachen, denn das kann er nicht mitansehen, es gibt sowieso keinen Ort, wo die Häftlingen hingebracht werden können und kein Brot. Ich denke mir, er ist ebenfalls so verbittert, weil er auch kein Essen mehr hat. – Wir sitzen auf der Landstraße und weiden Veilchen und Sauerampfer. Ich komme dahinter, was für eine gute Nahrung das Veilchen ist. Ich habe immer mit Zweifeln in verschiedenen Romanen gelesen, dass gezuckerte Veilchen und Rosenblätter gegessen werden. Jetzt beginne ich es zu glauben, denn auch ohne Zucker haben wir sie munter gegessen. Auf der Landstraße treiben sie in langen Reihen Häftlinge verschiedenster Nationalitäten entlang. Ihre Wachen rufen einander zu: Wohin? Wo ihr hingeht – ist die logischen Antwort. So sitzen wir bis abends da, abends halten die Wachen ein Lastauto an, werfen uns hinauf und bringen uns nach Seesen. Da sind schon unsere 720 Leidensgenossinnen schön einwaggoniert, je 120 in einem Wagon. Uns werfen sie auch im Dunkeln in einen Wagon, wir fallen natürlich auf die anderen und es gibt ein fürchterliches Geschrei und Geschubse. Mich wirft jeder von sich herunter, auf den Boden kann man keinen Fuß setzen, so spielen alle wohl eine halbe Stunde Ball mit mir, aber ich habe wirklich schon genug und fange auch an zu schreien. Ich schreie mit solcher Intensität, dass ich die anderen überschreie. Das Ergebnis davon ist, dass der Hauptscharführer kommt, und weil ich auch dann nicht mit dem Geschrei aufhöre, stellt er fest, ich sei verrückt geworden und bringt mich in den Krankenwagon. Ich schreie natürlich voller Ingrimm weiter. Ich glaube, ich konnte nicht mehr aufhören. Im schönen Takt schreie ich: Ich habe Hunger, ich habe Hunger. *„Was hat sie gesagt?"*, fragte verwirrt die SS? Sie sagen es ihnen. Daraufhin geben sie jeder einen Bissen Brot, sie haben selbst nicht mehr viel, aber auf jeden Fall ist es nett von ihnen. Aber ich glaube, sie sind deshalb so freundlich, damit ich endlich aufhöre. Tatsächlich habe ich es geschafft aufzuhören und schnell das Brot aufgegessen, fünf Minuten später erbreche ich es wieder und schlafe ein. Am nächsten Tag abends wache ich von einem fürchterlichen Bombenangriff auf. Der Zug steht immer noch bei Seesen auf offener Strecke, die Wagons sind verriegelt, damit kein wertvoller Häftling entkommt, und um uns fallen die Bomben. Bis zum Morgen werden wir halb taub und sehen, dass die Station hinter uns bombardiert wurde und die ganze Stadt in Trümmern liegt. Wir können uns schon nicht mehr darüber freuen, so versteinert sind wir. Drei Tage lang werden unsere Wagons hin und her geschoben, wir können uns schon nicht mehr auf den Beinen halten, so geschwächt sind wir. In Dessau stehen wir einen Tag lang, kaum sind wir fort, sind eine halbe Stunde später die Amerikaner dort. Schließlich steigen wir in Raguhn aus. Wir werden für die Nacht in ein Lager gebracht, einige Hundert französische Jüdinnen sind da, neidisch sehen wir ihre schönen langen Haare, aber der Neid dauert nicht lange, weil wir sehen, dass sie nur so von Läusen wimmeln und die Kleider auch. Während eines Jahres Lagerleben hatte ich nicht eine einzige Laus. Schon in der Nacht beginne ich Julcsi vorzujammern, dass mir der Kopf juckt. Ich habe keine Zeit, mich viel damit zu beschäftigen, denn frühmorgens werden wir zum Appell aufgestellt und sie bringen uns zum Einwagonieren zum Bahnhof, denn es wird wieder gefährlich nah geschossen und unser teurer *Hauptscharführer* sympathisierte nicht sehr mit den anderen. Jetzt sind wir nur einen Tag lang im Wagon, aber ich bin entsetzlich verbittert, denn mich täuschen meine Gefühle niemals und die Läuse sind mir tatsächlich auf den Kopf gekrochen. Ich verfluche die armen Französinnen und zugleich bete ich, dass ich irgendwoher einen dichten Kamm bekäme. Wie Gott will, wir steigen aus dem Wagon und kommen nach Wolfen hinein in ein mit Elektrozaun umgebenes Lager, da finde ich auf den ersten Schritten einen dichten Kamm im Gras. Natürlich bereue ich sofort, dass ich mir nicht etwas zu essen gewünscht habe, aber auch hiermit bin ich zufrieden. In diesem Lager sind russische Partisaninnen, die Armen sehen sogar noch schlechter als wir aus, sie sind die reinsten Skelette. Ich mache mich gleich über meinen Kopf her, die Haut blutete schon, aber ich kämme nur eifrig. Wir erhalten pro Kopf 100 Gramm Brot und heißen Kaffee, das ist zu schön für uns, wir richten uns in den Blöcken ein, wer keine Pritsche abbekommt, auf den Tischen und dem Boden. Ich muss nicht sagen, dass ich keine Pritsche abbekomme. Kaum haben wir uns hingelegt, brüllen sie draußen: *Antreten*, Appell, Aufbruch, die Amerikaner kommen. Die Nerven versagen den Dienst, alle sind hysterisch. Die Ordnung ist vollständig aufgelöst, das ganze Lager ist ein Irrenhaus. Auch die Russenmädchen müssen gehen, sie verteilen ihre Habseligkeiten unter den Jüdinnen. Sie haben das Schuhmagazin aufgebrochen und wie die wilden Tiere sind wir losgestürmt, ich leugne es nicht, ich auch, obwohl ich mich bei so etwas immer zurückgehalten habe, ich habe krankhaft darauf geachtet, dass ich nicht ganz vertiere, aber vergeblich, nach der Freiheit sehne ich mich nach Schuhen am meisten.

Flucht(?): Wir gehen zurück in den *Block*, jede hat schon ein paar schwere Holzschuhe und wir fangen an, uns zu beraten. Es ist unmöglich, dass wir weitergehen, es kann nicht angehen, dass wir noch eine Wagonfahrt aushalten müssen. Jede schreit, sie geht nicht, aber als sie anfangen, die Menschen aus dem *Block* zu treiben, gehen doch alle. Ewige Juden ... sie machen viele Worte, aber sie gehen wie die Lämmer, wohin sie getrieben werden. Draußen schießt die SS fürchterlich, im Hof ist verrücktes Geschrei. Die Mädchen sagen zueinander: „Ich lasse mich sicher nicht erschießen, es kann ja nicht mehr lange dauern." Und sie gehen doch ... Es ist nur noch der Kindergarten im Raum. Da stehen die achtundzwanzig Mädchen im dämmrigen Raum und weinen. Fünf Monate hindurch haben sie miteinander durchgehalten und sie hängen sehr aneinander. Nur das Leid kann die Menschen so nahe zueinander bringen. Ich stehe nur da wie eine Blöde und sehe ihnen zu, wie sie weinen und beten, mir bleibt in solch kritischen Momenten für einige Minuten der Verstand aus und ich kann nicht denken. Marika läuft weinend zu mir, die kleine Schwester meiner großen Liebe zu Hause, ich habe das Mädchen sehr lieb und hing während der ganzen Lagerzeit sehr an ihr, aber bei ihr ist ihr früheres Kindermädchen und das terrorisiert sie auch hier. Auch jetzt nehme ich ihre Hand und sage ihr, du kommst mit uns, aber ihre Erzieherin zerrt schon an ihr und die beiden gehen hinaus. Auf einmal kommt Julcsi zu mir und presst meinen Arm und zeigt in die Ecke. Drei Schaufeln sind in die Ecke gelehnt. Es braucht keine Worte, wir sehen hinaus und draußen gießt es in Strömen. Auf dem Lagerplatz ist höllisches Stimmengewirr. Still nehmen wir jede eine Schaufel, Julcsi öffnet ein Fenster, tritt hinaus und verschwindet im Dunkel. Nun ich ... Hinter meinem Rücken ruft die

111

Blockowa[30]: Hinaus, da kommt der *Rottenführer*! Schießerei ... ich trete hinaus. Ach, geht das schwer, mein Rock ist eng und ich bin sehr aufgeregt. Ich springe vom Fenster hinunter und renne in das Dunkle, im spritzenden Schlamm Julcsi nach. Im nächsten Augenblick bin ich klitschnass. Jemand läuft mir nach. Mein Gott, wer ist das, ich wage nicht zurückzusehen, aber nach einer Minute erreicht sie mich und vorwurfsvoll stößt sie mich an „Ihr hättet mich hier gelassen?" Es ist Magdi Rotschild, ein 13jähriges Mädchen, sie hat sich uns schon im Ghetto angeschlossen und war die ganze Zeit bei uns. Aber wer denkt jetzt an jemanden anderes als sich selbst? Wir holen Julcsi am elektrischen Zaun ein, fangen an zu graben, die Erde ist schön weich, es geht ganz leicht. Ein paar Meter vom Zaun entfernt sind Häuser im Dunkel, die Häuser der SS. Das allernächste ist vollkommen dunkel, in den anderen brennt hier und da etwas Licht. Stumm graben wir, Magda wühlt die Erde mit den Händen. Für einen Moment halte ich inne und sehe verwundert, dass wir nicht zu dritt sind, sondern noch etwa fünf Mädchen wühlen neben Magdi in der Erde. Für einen Moment treten mir Tränen in die Augen. Das Lager summt noch immer wie ein aufgescheuchter Bienenstock.

Halt – ruft Julcsi leise, ich versuche, ob ich durchpasse, ich bin sowieso die Dickste. – Passt mit dem Zaun auf – sie passt hindurch. Eine nach der anderen kriechen wir ihr nach, dann versuchen wir, auf dem Bauch robbend zum nächsten Haus zu gelangen, das dunkel ist. Die Tür ist offen, wir gehen hinein, es ist eine große Latrine für etwa 15 Personen. Es ist warm und stinkt. Wir schließen die Tür, gehen nach hinten und hocken uns an das Ende. Wir sind zu neunt, alle aus dem Kindergarten. Es tut mir sehr weh, dass Marika da geblieben ist. Auf einmal gefriert uns das Blut mit Grausen. Die Tür öffnet sich, es kommt jemand herein, ein Feuerzeug flackert auf. Es ist ein SS-Mädchen, sie verrichtet ihre Notdurft, währenddessen pfeift sie sehr falsch Lili Marleen, dann geht sie hinaus und schlägt die Tür zu. Wir drücken uns aneinander und zittern. Leider wissen wir aus Auschwitz sehr gut, was mit einem entflohenen Häftling geschieht. Draußen beginnt eine Sirene zu heulen. Ich weiß nicht, ob eine Minute verging oder eine Stunde, plötzlich ruft Julcsi mit gedämpfter Stimme: Es ist verrückt, hier zu sitzen, wenn es hell wird, kommen die SS, um ihre Notdurft zu verrichten und erschießen uns einfach, wir müssen hier fort. Aber wohin? Schließlich entscheiden wir, dass

---

[30] Blockälteste.

ich mit Julcsi hinausgehe und wir uns umsehen, ob es keinen besseren Ort gibt. Wir ziehen die neu organisierten Holzschuhe aus und schleichen hinaus. Wir wagen nicht, in Richtung der SS-Wohnungen zu gehen und klettern zurück zum Lager. Im Lager ist es dunkel und still. Offenbar sind alle fort. Die Armen. Wir beschließen, dass es am klügsten wäre, durch das Loch in das Lager zurückzukriechen, denn in einem so großen Lager kann man sich besser verstecken und es ist nicht wahrscheinlich, dass die SS zurückkommt, und vielleicht ist morgen schon die Besatzungstruppe hier. Wir gehen zu den anderen zurück, und wie wir im Dunkeln gekommen sind, so kriechen wir wieder durch den Zaun zurück. Die Grube ist in der Zwischenzeit mit Wasser vollgelaufen, obwohl der Regen schon aufgehört hat. Wir suchen das offene Fenster, durch das wir herausgeklettert sind, und springen eine nach der anderen wieder hindurch. Wir gehen in einen Raum, in dem dreistöckige Pritschen sind, wir müssen am Waschraum vorbei, das Wasser rauscht laut aus allen Hähnen, als wir hereinkommen, rennen alle herein, jede will sich waschen und in der großen Aufregung kommt es niemandem in den Sinn, die Hähne zuzudrehen. Dieser leere *Waschraum* mit seinen laut rauschenden Hähnen ist so furchtbar, als wenn unsichtbare Geisterhäftlinge sich darin waschen würden. Verstört rennen wir davor weg und klettern auf die Pritschen und legen uns schlafen. Ich friere sehr in meinen dünnen, nassen Kleidern und bin so aufgeregt, dass ich meinen Magen in der Kehle spüre. Was für eine Natur hat diese Julcsi, sie rollt sich zusammen und schläft auch schon. Ich überlege, was wohl morgen wird. Morgen früh sind sie ganz sicher schon hier. So viele Flieger sind zu sehen, vielleicht kommen schon die Fallschirmspringer. Mein Gott, was werde ich mit meiner Freiheit anfangen. Als Erstes bitte ich die tapferen Amerikaner um schöne Schuhe und Kleidung, und natürlich um eine Zahnbürste, danach esse ich mich satt. Ich werde Unmengen essen. Vielleicht schon morgen früh. Möglich, dass wir später auch arbeiten müssen, vielleicht Verwundete pflegen oder irgendeine leichte Arbeit. Aber das ist erst morgen, jetzt müsste ich schlafen, die Mädchen schlafen alle schon und ich bin so todmüde. Meine Gedanken wandern hierhin und dorthin. Möglich, dass ich noch in der letzten Minute verrückt werde, wenn es wirklich nur noch eine Frage von Minuten ist, bis alles gut wird. Es stimmt aber auch, was bleibt mir überhaupt noch Gutes? Möglich, dass die polnischen Mädchen in Auschwitz nicht gelogen haben und Mutter und die Kinder sind wirklich umgebracht worden. Vielleicht lebt Artur noch, vielleicht wurden die Arbeitsdienstler nicht umgebracht. Ich bete, dass nicht alle sterben sollen. Welcher sollte am Leben bleiben, aber ich bin ja schon verrückt, kann man denn wählen? Mein Gott, wenn ich nur schlafen könnte, schlafen ... Ach, wenn nur der *Waschraum* nicht so rauschen würde, endlich still wäre, man müsste es abstellen, aber ich fürchte mich ungemein, hinauszugehen. Draußen waschen sich die Partisaninnen und die Jüdinnen das Blut ab, die, die draußen im Hof liegen, während des Appells wurden sie erschossen. Man darf es gar nicht abstellen, sollen sie sich nur waschen. Jetzt bin ich schon sicher übergeschnappt und es wird niemals Morgen. Fürchterlich ist diese lange, schlaflose Nacht, im Hof meine ich andauernd Schritte zu hören: Furchtbar kalt ist es und mit klappernden Zähnen und offenen Augen starre ich in die Dunkelheit. Langsam, langsam, es scheint wie eine Ewigkeit, fängt es draußen an zu dämmern, dann wird es langsam ganz hell. Die Mädchen schlafen still und im *Waschraum* rauscht gleichmäßig das Wasser.

Pech gehabt: Der Mensch denkt, Gott lenkt. Reichlich lang ist diese Nacht, ich habe mir alles schön überlegt für mich, die Mädchen wachen auf und ich schlafe endlich ein. Ich weiß nicht, wie lange ich geschlafen haben mag, aber als ich aufwache, liegen die Mädchen nicht neben mir auf den Pritschen. Erschrocken sehe ich mich um, wo sie geblieben sind. Sie stehen am Fenster und beraten sich darüber, ob man hinausgehen könnte, um etwas zu essen zu suchen. Darauf krallt sich der Hunger in meinen Magen. Von den gestrigen 100 Gramm Brot haben alle noch die Hälfte, aber wir haben es noch nicht gegessen. Auf einmal hört man nur Lärm von draußen, ein leerer Lastwagen kommt ins Lager herein und ein junger Mann und ein älterer greifen die Toten und werfen sie auf das Auto wie Säcke. Erst jetzt sehen wir, wie viele Tote im Hof durcheinander liegen. Wir kriechen zurück auf die Pritschen und legen uns hin. Einige Minuten später öffnet sich die Tür und pfeifend kommt jemand herein. Er geht im Raum auf und ab, stellt etwas um, dann stellt er sich auf einen Tisch neben den Pritschen und sieht uns an. Es ist ein etwa fünfundzwanzigjähriger gut aussehender, dunkelhaariger Junge. Wir sehen uns mit großen Augen an, oh, sehr lange, ich habe das Gefühl, dass dabei langsam mein Haar ergraut. Ich denke an nichts, mein Verstand ist wieder stehen geblieben. Die anderen liegen auch reglos mit aufgesperrten Augen. Der Junge steigt langsam vom Strohsack herunter und geht hinaus. Er pfeift nicht mehr. In dem Moment springen wir auf und laufen zum Fenster. Wir können auch wieder denken. Was sollen wir tun? Es ist deutlich zu merken, dass der Junge nicht deutsch ist. Man muss ihn rufen. Wir sehen aus dem Fenster, der Junge steht da auf dem Hof und sieht gedankenverloren zu unserem Fenster. Der andere Mann packt sorgfältig auch jetzt noch die Leichen zu Haufen. Julcsi winkt dem Jungen, dass er hereinkommen soll, er nickt, er kommt. Er ist auch schon hier. Er steht in der Tür. Ruski? Fragen wir. Nein, Tscheche. Mit ein paar Worten sagen wir ihm, wie die Situation ist. Der Junge schneidet ein beunruhigend erschrockenes Gesicht und schüttelt den Kopf. Wir fragen ihn, wann die alliierten Truppen hier wären, er sagt, vielleicht am Samstag, heute ist Mittwoch. Das sieht schlecht aus, bis dahin sind wir verhungert. Wir fragen den Jungen, wer der andere Mann sei? Ist der auch Tscheche? Nein, sagt er, das ist ein Deutscher, wir sollen aufpassen. Da ist es schon zu spät, denn er kommt herein. Als der arme Junge hört, dass er kommt, lehnt er sich mit dem Rücken gegen die Tür, damit er nicht herein kann, aber der drückt die Tür ein. Der Junge stottert verwirrt: Sie wurden zum Aufräumen geschickt. Der Deutsche sagt kein Wort, sieht uns an, dreht sich um und geht hinaus. Wir beginnen uns furchtbar zu fühlen und das mit Recht, denn keine zehn Minuten später wird die Tür aufgestoßen und herein kommen zwei SS-Männer, zwei SS-Mädchen und ein dicker, schwarz gekleideter Mann. Sie bleiben stehen und sehen uns einige Momente kalt und höhnisch an. Schließlich fragt der Schwarzgekleidete, ob wir wüssten, was mit geflohenen Häftlingen geschieht? Wir nicken alle gleichzeitig, als ob unsere Köpfe an Fäden gezogen würden. Wir sehen jämmerlich aus, wie wir da vor ihnen stehen, bleich, zerlumpt, in nassen Kleidern und Haaren klebt Stroh und in den Gesichtern ist bittere Enttäuschung. Der eine SS-Mann nimmt seine Uhr heraus und sagt: Noch zwei Stunden lebt ihr, wir sagen der Gestapo in der Stadt Bescheid, die machen kurzen Prozess. Dem Transport kann man euch nicht nachschicken, denn in der Nacht wurde der Bahnhof bombardiert. Aber bedauert es nicht, ihr wäret sowieso erschossen worden. – Das ist beruhigend. – Sie bringen uns hinaus in einen Bunker und bevor sie die Tür hinter uns zusperren, fragt mich das eine SS-Mädchen: Weshalb seid ihr geflohen? – Ich habe geglaubt, es wird gelingen – antworte ich. *Pech gehabt* – lächelt mich die SS-Elfe (…)[31] an und polternd schlägt die Bunkertür zu.

Vielleicht hatte ich doch kein Pech: Wortlos setzen wir uns in den dunklen Bunker, mein erster Gedanke war, gut, dass Marika nicht hier ist.

---

[31] Wort unleserlich.

Na, sagte Julcsi lächelnd, während sie die Reste der abendlichen 100 Gramm Brot hervorholte, lasst uns nun das letzte Abendmahl aufessen – oder Frühstück. Das ist als Scherz gedacht, aber deshalb zittert doch auch der mutigen Julcsi die Stimme. Von allem anderen abgesehen, wenn ich jetzt zurückdenke, mit welch' gutem Appetit wir dieses Stück trockene Brot verspeisten, in dem Wissen, dass es nicht umkommen soll, wenn wir sowieso krepieren, dann denke ich, wir waren nicht ganz normal. Denn zuhause, wenn ich mich für das Kino fertigmachte oder für eine Reise, konnte ich einen halben Tag vorher nicht einen Bissen herunterbekommen, jetzt aber, zwei Stunden vor meinem offenbaren Tod, futterte ich munter.

Später beginne ich nachzudenken, was für schlechte Witze das Leben einem bereitet. Wir haben ein Jahr lang gelitten und es ist nur Zufall, dass wir bis hierher ausgehalten haben, und dann ist ausgerechnet jetzt, ein paar Stunden vor der Befreiung, alles vorbei. Aber als ich an all die denke, die in diesem Krieg genauso unschuldig wie ich umgekommen sind, komme ich darauf, dass es nicht gemein ist vom Schicksal, sondern nur gerecht. Es ist gut so. Warum sollte gerade ich entwischen, wenn meine Eltern, Geschwister und alle, die zu mir gehörten, umgekommen sind. Immerhin waren diese alle besonders, immer war ich das schwarze Schaf in der Familie. Es ist auch nur gerecht, sie wurden gleich am ersten Tag ermordet und sie mussten nicht so ein schreckliches Jahr durchleiden, mich töten sie am letzten Tag, ich habe es verdient. Ich habe es verdient? Ich weiß eigentlich nicht, warum ich die Schlimmste war, die „Schande der Familie"? Weil ich mich manchmal aus der Tanzschule gestohlen habe, weil ich die Religionsstunden geschwänzt habe, weil ich die Verwarnungen der Lehrer verschwiegen habe – ist das nicht etwas viel Strafe für diese großen „Sünden"? Interessant, Magdi Rotschild ist eingeschlafen. Ich betrachte sie, wie sie ausgestreckt auf der Erde liegt, auf ihrem Kindergesicht die müden Falten einer 80jährigen alten Frau. In einer Stunde werde ich auch so auf dem Boden liegen und dann werde ich schon tot sein. Geschieht wohl nach dem Tod etwas, oder endet damit alles? Schade, dass ich schon sterben muss, es wäre schön, diese Dinge vorher zu wissen und noch vieles mehr. Warum Julcsi und die anderen Mädchen wohl beten? Ob wohl Karcsi noch lebt? Denn ich kann an nichts anderes denken, nur an solche Dummheiten. Gleich sind die zwei Stunden um. Hier sind sie schon. Die Tür des Bunkers öffnet sich und herein kommen zwei braun gekleidete Gestapo-Burschen. Die Maschinenpistolen auf uns gerichtet, treiben sie uns auf den Hof. Magdi blinzelt verschlafen, man sieht ihr an, dass sie nicht weiß, wo sie ist. Ich werde nicht sterben ... ich werde nicht sterben, flüstere ich in mich hinein. Das Ganze ist nicht wahr, sicher träume ich. Vater erzählte einmal, es war einmal ein Rabbi und der hatte einen Schüler und der Schüler war unzufrieden, dass das Leben so kurz ist, und der Rabbi drückte eines Morgens beim rituellen Baden den Kopf des Bocher[32] unter Wasser und der verlor vor Schreck das Bewusstsein. Er war nicht länger als eine Minute bewusstlos und in dieser Minute träumte er - ich weiß es jetzt nicht mehr, aber Vater hat es erzählt - ein ganzes Leben, wie er sich mühte und glücklich war und alles, alles ganz ausführlich. Und als er wieder zu sich kam, erzählte er dem Rabbi, der bei ihm war, alles. – Weißt Du, wie lange Du bewusstlos warst – fragte der Rabbi – eine volle Minute und währenddessen hast Du ein ganzes Leben zu Ende geträumt. Hältst Du Dein Leben jetzt immer noch für zu kurz? – Dies ist auch nicht wahr, ich liege zuhause im Bett und vielleicht habe ich Fieber und träume deshalb so schlecht. Gleich schreie ich und Mutter wird mich wecken. Ich schreie! Julcsi presst meinen Arm: Halt´ Deinen Mund, es ist sowieso vergeblich, was müssen diese Hunde sehen, dass wir Angst haben. Du warst nie feige. Die Gestapo-Burschen beraten sich unterdessen lebhaft, dann erklären sie laut, dass sie uns in die Stadt bringen, denn sie sind keine Egoisten, sie denken auch an ihre Kameraden, die sich langweilen, eine so gute Unterhaltung hatten sie sowieso schon lange nicht, in der Kaserne „erledigen" sie uns dann, los! Wir gehen los, es ist uns schon so egal, was sie machen. Als wir aus dem Lagertor treten, ruft mir die SS-Elfe, schon in Zivil, hinterher: *Schweine-Jude*. Das schreibe ich nicht auf, weil es besonders interessant ist, während eines Jahres habe ich das unendlich oft gehört, aber ich muss es aufschreiben, weil sie die letzte Deutsche war, die das zu mir sagte. Langsam wandern wir auf der Landstraße in Richtung Stadt, wir wundern uns, dass unsere Begleiter es nicht besonders eilig haben. Plötzlich fängt Magda Rotschild an zu schreien: Warum erschießen sie uns nicht hier, warum müssen wir soweit laufen, ich gehe nicht weiter, sollen sie mich hier erschießen. – Wir halten ihr den Mund zu und schleppen sie weiter. Wir stehen auf dem Standpunkt, dass jede Minute, die wir noch leben, von Nutzen ist. Ein paar Minuten später fangen die Sirenen an zu heulen, die Wachen schubsen uns in einen Graben, sie

---

[32] Rabbinischer Schüler.

selbst liegen auch auf dem Bauch neben uns, die Maschinen sind schon über unseren Köpfen. Sie ziehen weiße Streifen über unseren Köpfen, es ist ein wunderschöner, sonniger Vormittag. Wir sehen unsere Wachen an, sie sind beide leichenblass, also verziehen wir keine Miene und bemühen uns, uns die Freude nicht ansehen zu lassen, nur ein-, zweimal drücken wir uns glücklich die Hände nach einer riesigen Detonation. Der Alarm dauert nicht lange, eine halbe Stunde. Eine große Tafel mit dem Namen der Stadt: Bitterfeld. Na, der Ort ist das Richtige für uns, der hat den richtigen Namen, denke ich. Wir kommen zum Gebäude der Gestapo, gehen auf den Hof, die jungen Gestapo-Leute schreien, rennen hin und her, nirgendwo irgendjemand. *Donnerwetter*, die zwei Krieger fluchen, die sind abgehauen. Ohne sich um uns zu kümmern, holen sie aus der Garage ein mit grünem (...)[33] getarntes Auto und brausen aus dem Tor. Wir neun setzen uns brav im Hof auf die Erde und warten. Niemand zu sehen. Eine Weile später kommt ein Polizist, er fragt uns, was wir hier machen und wir sagen zu ihm: Wir warten darauf erschossen zu werden. Er fängt an zu lachen. Er ruft noch zwei Polizisten und sie bringen uns zur Polizei. Die gesamte Polizei ist ausgestorben, sie staunen sehr über uns, wir erzählen, wer wir sind und woher wir kommen. Daraufhin beginnt der eine Polizist, auf Ungarisch ausgewählte Zoten aufzusagen und sagt, er war schon einmal in Budapest und da hat er das gelernt, ob wir verstanden hätten, was er gesagt hat. Julcsi übersetzt es ihm höflich, worauf er in große Verlegenheit kommt und sich wegschleicht. Sie führen uns in eine Art Warteraum, es gibt dort viele Stühle und sie sagen, wir sollen uns setzen. Wir machen es uns daraufhin auf dem Fußboden bequem. Darüber verwundern sie sich sehr, warum wir uns nicht auf die Stühle setzen. Das fragen sie uns auch, was wiederum uns erstaunt. Wir denken, die sind auch schon verrückt geworden, die Armen, wenn sie uns auf Stühle setzen wollen. Inzwischen wird ihr Mittagessen gebracht, sie holen Teller und Besteck, decken den Tisch und setzen uns an den Tisch und geben uns ihr Mittagessen. Zwischen zwei Bissen sagt Julcsi: Kinder, der Krieg ist vorbei.

Aber der ist noch längst nicht vorbei.

---

[33] Wort unleserlich.

Am 24. Juli 1945 gab Eszter K. im Heim des Landeskomitees für Deportiertenfürsorge (DEGOB) in Budapest zu Protokoll:

„Als wir in Wolfen angekommen sind, sind wir zu neunt weggelaufen. Wir wollten hier die Amerikaner erwarten. Wir haben gehofft, schon morgen frei zu sein. Die Gestapo hat uns noch gefunden und uns der Zivilpolizei übergeben. Die haben uns nichts Schlechtes getan, wahrscheinlich, weil die Amerikaner schon sehr nahe waren. Am nächsten Tag hat man uns gehen lassen. Die Nacht haben wir schon als freie Menschen verbracht. Dann haben wir angeklopft bei einem Bauern. Wir haben aber nicht gesagt, dass wir jüdische Häftlinge sind, sondern wir haben gesagt, wir sind Flüchtlinge. So konnten wir bei ihm bleiben. Wir haben eine kleine Stube oben unter dem Dach bekommen. Und wir haben ihm bei der Arbeit geholfen. Am 20. April um halb fünf waren wir schon befreit. Damals sind die Amerikaner angerückt. Wir haben damals den Bauern auf unser Zimmer heraufgeschickt, damit ihm gar nichts passieren soll. Er hat uns sehr gut behandelt. Er hat mit allem Guten uns verpflegt, damit wir ihm auch Hilfe leisten sollen. Aber wir haben gewusst, dass er Mitglied der Nazi-Partei war und Hitler gerne gehabt hat. Und einem amerikanischen jüdischen Offizier haben wir das alles erzählt.

Uns hat man in die Stadt gebracht in eine schöne Wohnung. Jede war in einem eigenen Zimmer, und mit allem hat man uns verpflegt. Sogar der Oberrabbiner ist zu uns gekommen zu Besuch."

(DEGOB-Protokoll Nr. 628)

Marta Schweitzer nach der Befreiung im April 1945
in Hosen und Stiefeln

Aufzeichnungen über ein Gespräch mit Marta Schweitzer im Juli 2009

Marta Schweitzer wurde am 5. Januar 1928 in dem nordungarischen Städtchen Salgótarján geboren. Ihr Vater betrieb dort einen Ledergroßhandel. Die Tür des elterlichen Hauses stand Freundinnen und Freunden der Kinder offen. Der Trubel, den die junge Gesellschaft veranstaltete, war häufig groß, ein Tohuwabohu oft. Aber mit antiautoritärer Erziehung waren solche Freiheiten nicht zu verwechseln: *„Uns hat man geschlagen, wenn jemand Zeit gehabt hat."*

Marta Schweitzer träumte in der großen und beschäftigten Familie davon, ein Einzelkind zu sein. *„Ich habe meine Freundinnen schrecklich beneidet. Ich habe sie besucht und bemerkt, wie deren Eltern sich mit ihnen beschäftigten. Uns wurde solche Aufmerksamkeit nicht zuteil, wirklich nicht."*

Die Erinnerung an diesen verständlichen Wunsch nach Zuwendung, welche erträumt wurde in der Vorstellung, alleiniges Kind der Eltern zu sein, sollte später ein ganz irrationales Schuldgefühl bestärken: die gegenüber den Familienangehörigen empfundene Gewissenslast, als Einzige von ihnen in der mörderischen NS-Zeit am Leben geblieben zu sein. *„Ich habe am Anfang gedacht, dass ich daran schuld bin, weil ich allein sein wollte. Davon bin ich ganz krank geworden."* – Mit solchen bedrückenden Empfindungen war Marta Schweitzer nicht allein. Viele Menschen in der Situation als Überlebende der Shoa durchlitten derart Gefühle von Schuld, die doch eigentlich nur den Tätern zukamen.

Vier Jahre Elementarschule, vier Jahre Bürgerschule, zwei Jahre des darauf aufbauenden vierjährigen Gymnasiums, kein Schulabschluss – damit ist der schulische Bildungsgang von Marta Schweitzer beschrieben. Das letzte Schuljahr war zudem verkürzt wegen der Besetzung Ungarns durch deutsche Truppen am 19. März 1944. *„Meine Deutschlehrerin hat mir gesagt: ‚Auf dich warten schwere Zeiten.‘ Aber ich hatte keine Ahnung, warum."*

„Und dann kommt ein plötzlicher Schnitt, und du warst erst einmal ein nackter Wurm, dann warst du in ständiger Lebensgefahr, dass du zertreten wirst, und dann warst du ein Sklave. Und dann wieder warst du in SS-Stiefeln und Hosen." – Die Zäsur, das war die Deportation nach Auschwitz. Marta Schweitzer will darüber nicht weiter sprechen. Eine Vorbedingung des Gesprächs mit ihr war, sie nach ihrem Leben, aber nicht nach der Zeit ihrer Gefangenschaft im KZ zu befragen. Sie versucht diese Zeit völlig der SS zuzuordnen, also aus ihrem Dasein auszugliedern als etwas, das nicht zu ihr selbst gehört. *„Das ist nicht mein Leben, das ich habe. Das ist, was die Nazis mir 1944 verpasst haben. Dazu bin ich nicht geboren. Ich fühle mich überhaupt nicht mit diesen zehn Monaten identisch."* Und doch brechen beim Erzählen immer wieder einzelne

121

Erinnerungen daran durch.

In Auschwitz-Birkenau wurde Marta Schweitzer, ohne tätowiert zu werden, in den Lagerabschnitt B III gebracht. Sie befand sich dort nicht weit entfernt von den Krematorien IV und V mit ihren Schornsteinen – und entwickelte von den damaligen Erfahrungen her ein gewisses Verständnis für diejenigen, die Auschwitz als Vernichtungslager leugnen, sowie Verwunderung über die anderen, die sich darüber wiederum aufregen: *„Ich war nie böse deswegen. Ich bin dort dreieinhalb bis vier Monate gewesen und die ganze Zeit habe ich das nicht geglaubt. Das konnte man nicht glauben."*

Oder konnte die junge Jüdin in Auschwitz-Birkenau nur nicht wahrhaben, was die polnischen Blockältesten ihr über das Schicksal ihrer Angehörigen erklärten? Sie beobachtete die Vernichtung der *„Zigeuner"* aus dem benachbarten Lagerbereich. Dazu zeigte sie mir einen Zeitungsausschnitt mit einem Leserbrief, den sie einmal von Köln aus an die Neue Zürcher Zeitung geschrieben hatte:

Zigeuner in Auschwitz

„In einer Sendung vom 18. März hat der Moderator des ZDF Rudolf Radtke im Auslandsjournal über Schweizer Greueltaten an Zigeunern berichtet. Ich finde es schon erstaunlich, wenn ausgerechnet die Deutschen andere Völker verurteilen und ihnen Moral predigen.

Die Sendung hat bei mir schlimme Erinnerungen wachgerufen. Im Sommer 1944 war ich in Auschwitz-Birkenau im Lager B3 ‚untergebracht'; nur ein elektrischer Zaun trennte uns damals von einem Zigeunerlager, einem sogenannten Familienlager. 7000 bis 8000 Menschen lebten dort auf engstem Raum zusammen, katholische Zigeuner aus Österreich und Deutschland. Viele waren schon mehrere Jahre da. Sie waren ausgemergelt vom Hunger, gelb von der Ruhr und anderen Krankheiten. Sie waren zerlumpt, schmutzig und verängstigt. Auffallend viele Kinder waren da, wie kleine Skelette sahen sie aus.

Es war Anfang August, als es im Zigeunerlager eine Blocksperre gab. Mehrere Hundert SS-Männer stellten sich mit ihren Bluthunden um die Baracken herum auf. Dann kamen Lastwagenkolonnen angefahren, und ein niedrig fliegendes Flugzeug erzeugte künstlichen Nebel. Es wurde schon dunkel, und nur der Appellplatz des Zigeunerlagers war mit star-

ken Scheinwerfern beleuchtet. Als die SS anfing, die Zigeunerfamilien aus den Baracken herauszutreiben und auf die Lastwagen zu verladen, brach die Hölle los. Es waren unbeschreibliche Szenen, Hundegebell, brüllende SS-Männer, Schüsse auf Fliehende [...] Viele schrien laut vor Todesangst. Alte Leute und Kinder wurden wie Müllsäcke auf die Lastwagen geworfen; viele klammerten sich an die Stiefel der SS-Männer und bettelten um ihr Leben. Alle, bis zum kleinsten Kind wussten, dass sie in den Tod gehen würden.

Es dauerte Stunden, bis alle abtransportiert waren. Nur einige Kleidungsstücke und Hausratsgegenstände blieben auf dem Platz zurück. Es war eine helle Nacht. Ich sah die Krematorien I und II bis zum Morgengrauen Feuer spucken. Am nächsten Tag war das sonst so lebendige Zigeunerlager still und leer. Ein Lastwagen fuhr von den Krematorien in Richtung der Weichsel, beladen mit grober, grauweißer Asche. Das war von den Zigeunerfamilien übrig geblieben."

Und sie hoffte damals doch weiterhin auf das Überleben ihrer Familie. Und dann wieder: *„Das habe ich noch in Auschwitz geschworen, als ich es schon geahnt habe, dass ich am Freitagabend die Kerze anzünden werde. Und das mache ich eigentlich immer am Freitagabend."* Wissen des Offensichtlichen, Hoffnung, dass es nicht wahr sei, verdrängender Unglaube und schreckliche Angst erfüllten sie wohl abwechselnd und zugleich. Angst war lange das beherrschende Gefühl bei den vielen Selektionen.

Am 2. 12. 1985 erschien ein Leserbrief von Marta Schweitzer in einer Kölner Tageszeitung, der unter anderem auf diese Angst hinwies und erklärte, warum sie schließlich verloren ging,:

Mengele kam jeden Tag

„Wie zu lesen war, wird auf die Ergreifung des KZ-Verbrechers Josef Mengele eine Belohnung von einer Million Mark ausgesetzt.

Mengele hat am 15. Juni 1944 an der Rampe von Auschwitz meine Eltern und meine sechs Geschwister in den Gastod geschickt, auch meine Großeltern und alle meine Verwandten, zusammen waren es 72 Personen, die am selben Tag ermordet wurden.

‚Wie alt bist du?‘, hat mich der schöne, junge Offizier gefragt, als wir alle vor ihm standen. ‚Vierzehn‘, habe ich ich geantwortet, ‚darf ich bei meiner Familie bleiben?‘ – ‚Du wirst sie wiedersehen‘, hat er geantwortet und mich auf die andere Seite geschubst.

So kam ich kahl geschoren und nackt in das B-Lager. Mengele kam jeden Tag. Wir standen in Fünferreihen, nackt, mit erhobenen Händen vor ihm, zitternd, aus Angst davor, wer wohl heute sterben wird. Wir starben jeden Tag ein bißchen. In diesen fünf Monaten habe ich tagtäglich erlebt, wie meine Bekannten aus unserer Stadt, wie meine Schulkameradinnen langsam in Richtung Gaskammer verschwanden. Am Ende habe ich keine Angst mehr gehabt, nur wünschte ich, daß es für diese Qualen ein Ende gibt, egal wie. Meine Haare wurden grau mit sechzehn.

Ich finde, daß es gut ist, daß Mengele nicht gefunden und nicht verurteilt wurde, daß er seit vierzig Jahren flüchtig ist und immer gesucht wird. Die Todesstrafe wäre weniger gewesen für ihn.“

Angst erfüllte sie auch beim Abtransport aus dem Lager. „*Wir haben gedacht, dass sie uns auch töten, als sie uns weggebracht haben, aber dann sind wir nach Bergen-Belsen gefahren.*“

Die nächste Station danach war das Außenlager des KZ Buchenwald bei der Munitionsfabrik Polte im südniedersächsischen Duderstadt. Hier musste sie Munition lackieren. Ihr Vorteil dabei: In der Lackiererei gab es keine Nachtschicht. Der Meister dort, so erinnert sie sich, hieß Wunderlich. Mit ihm zusammen schleppte sie schwere Kisten. Einmal kündigte er hohen Besuch an: Der Reichsminister für Rüstung und Kriegsproduktion, Albert Speer, besichtige das Werk. „*Und da sind wirklich ein paar SS-Leute hereingekommen und haben sich umgeschaut und haben die Maschinen angeguckt, und dann sind sie weitergegangen in die Kocherei nebenan.*“ Jahrzehnte später sollte Marta Schweitzer Speer zufällig noch einmal treffen. Nach der Vorstellung eines Buches saß er in einem Kölner Hotel an einem Nebentisch beim Essen. Sie hatte eine Ankündigung der Veranstaltung in der Zeitung gelesen und sprach jetzt aufgeregt und laut über ihn. Er hatte das wohl bemerkt, denn beim Weggehen grüßte er gebeugt.

In Duderstadt musste Marta Schweitzer mehrere Monate ausharren – vom 4. November 1944 bis zum 7. April 1945, als schon der Geschütz-

124

donner der näher rückenden Front unüberhörbar war. *„Wir laufen vor der Befreiung davon"*, dieser Satz aus den Aufzeichnungen in dem Rechenheft kennzeichnet die Situation der Evakuierung des Lagers. Zwei Tage später, am 9. April 1945, besetzten amerikanische Truppen Duderstadt, während die Ungarinnen auf kriegsbedingten Umwegen in Richtung Theresienstadt transportiert wurden.

Der Mut zur Flucht von diesem Zug des Hungers und des Elends führte in die Freiheit. Amerikanische Soldaten, Juden mit einem Rabbiner, nahmen sich der jungen Glaubensgenossinnen an. Gemeinsam trauerten sie um Roosevelt, gemeinsam feierten sie das Ende des Krieges. Marta Schweitzer ließ sich fotografieren, in Hosen und Stiefeln. In ihrer Erinnerung sind es SS-Stiefel. Die Uniform der SS-Aufseherinnen hatte ihr gefallen. Die Stiefel an ihren Füßen bedeuteten für sie wohl nicht nur die Erfüllung eines modischen Wunsches, sondern sie können auch als ein Zeichen des Triumphes über die besiegten Unterdrücker verstanden werden.

Die jungen Frauen zog es nach Hause, nach Ungarn. Sie dachten an ihre Familien. Die Soldaten nahmen Urlaub und begleiteten sie bis Brünn. Von dort ging es mit der Eisenbahn weiter. Aber die Welt, aus der Marta Schweitzer deportiert worden war, existierte nicht mehr. Heute besitzt sie ein Gedenkbuch ihrer Heimatstadt mit der Liste der jüdischen Opfer: 2500 Namen.

Die Heimkehr gestaltete sich für die Siebzehnjährige, wie Marta Schweitzer erzählt, *„als Verlängerung von Auschwitz, wenn auch ohne Lebensgefahr"*, und als Katastrophe. *„Von jedem sind Leute zurückgekommen. Nur von mir nicht."*

Viele schreckliche, panikartige Sachen habe sie in den beiden ersten Jahren nach ihrer Rückkehr gemacht, erzählt Marta Schweitzer. So heiratete sie sogleich ihre große Liebe aus der Zeit vor der Deportation und wurde sofort schwanger. Ihr Arzt machte ihr Vorhaltungen. *„Marta, du kannst nicht jetzt ein Jahr nach Auschwitz ein Kind bekommen. Tu das nicht. Diese ganze Heirat und das alles, was hier um dich ist, das ist eine Katastrophe. Das sollst du nicht machen. Du bist nicht in Ordnung, du musst in die Schule gehen und sollst jetzt wirklich kein Kind bekommen."* Marta Schweitzer erzählt weiter: *„Und ich habe gesagt: ,Na ja, bin ich schwanger. Was soll ich dagegen machen?' Ich hatte keine Ahnung, dass man dagegen etwas machen kann. Ich bin in einer religiösen Familie aufgewachsen, in der meine Mutter alle Kinder geboren hat. Und ebenso* *war es bei den Verwandten. Deshalb waren es auch so viele Angehörige von mir, die umgebracht worden sind. Und der Arzt hat geantwortet: ‚Machen wir eine Kürettage!' – ‚Was ist das, eine Kürettage?', habe ich gefragt. – ‚Na ja, das ist eine kleine Operation. Es wird ausgeschabt. Du wirst aufwachen, und dann, vielleicht in ein paar Jahren, kriegst du ein Kind.' Ich wollte das gar nicht glauben. Das war so eine Schweinerei in meinen Augen. Ich wollte mir eine Familie gründen, damit ich jemanden habe, und er wollte eine Kürettage machen. Ich wollte so etwas gar nicht."* Mit ihrem Wunsch nach familiärer Geborgenheit setzte sie sich durch.

Marta Schweitzer ging nach der Heimkehr zunächst wieder zur Schule, in das staatliche Gymnasium. Jüdische Schulen hatte es in ihrer Heimatstadt auch zuvor nicht gegeben. Die früheren Schulfreundinnen waren inzwischen eine Klasse weiter als sie. Sogar nach der Heirat setzte sie den Schulbesuch fort, doch als Schwangere musste sie das Gymnasium verlassen. Das war damals nicht anders möglich. So konnte sie das Abitur nicht erreichen. Die Tochter wurde 1946 geboren. Da war Marta Schweitzer 19 Jahre alt.

Die Ehe hielt nur 20 Monate. Ihr Mann wollte nach Palästina auswandern, sie selbst aber in Ungarn bleiben. Diese Entscheidung wurde beeinflusst durch die Mitteilung über den Tod ihres Bruders Artur. Sie hatte zunächst die Nachricht erhalten, dass Artur lebe, und immer mit seiner Heimkehr gerechnet. Aber sie wartete vergeblich. Ihr Bruder starb fünf Monate nach Kriegsende auf dem Heimweg von dem früheren KZ Mauthausen nach Ungarn noch in Österreich an Flecktyphus. *„Als ich davon erfuhr, war ich so verzweifelt, da konnte ich nicht mit meinem Mann nach Palästina gehen."* So kam es zur Trennung.

Die junge Frau zog mit ihrer Tochter nach Budapest. Dort heiratete sie 1953 zum zweiten Mal, einen 21 Jahre älteren Rechtsanwalt, der sie schon als Kind gekannt hatte. *„Damit begann ein normales, geregeltes Leben. Er hat mich praktisch erzogen mit meiner Tochter zusammen. Das war wirklich so. Er hat mir zum Beispiel gesagt, was ich lesen soll. Das geschah, wenn ich etwas nicht wusste, was zum allgemeinen Kulturgut gehört."*

Für die Eheleute stand fest, im kommunistischen Ungarn wollten sie nicht leben. Jedoch erschien es aussichtslos, Ungarn gemeinsam verlassen zu können. Deshalb vereinbarten sie, wer ins Ausland gelange, solle dort auf den anderen warten. 1965 war es so weit. Marta Schweitzers

Mann nutzte die Gelegenheit einer Dienstreise, um im Westen, in der Bundesrepublik Deutschland, zu bleiben. Jetzt erwies sich nachträglich als Glücksfall, dass er – lange vor dem Zweiten Weltkrieg – in Wien studiert hatte. Damals war es eine Notlösung gewesen, wegen des Numerus clausus für jüdische Studienbewerber. Viele junge ungarische Juden wichen daher an ausländische Universitäten aus. Nach der Einbürgerung und einer Ergänzungsprüfung konnte Marta Schweitzers Mann in der Bundesrepublik in seinem Beruf als Rechtsanwalt arbeiten. Und er hatte dabei Erfolg. Seine Klientel bestand hauptsächlich aus Ungarn, die er in Wiedergutmachungs- und Einbürgerungs-Angelegenheiten vertrat.

Marta Schweitzer selbst arbeitete indessen in Ungarn in einer Genossenschaft und organisierte Messen mit westlichen Firmen, zum Beispiel Wella. Ihre Tochter war inzwischen erwachsen geworden und studierte Jura. 1967 durften Mutter und Tochter im Rahmen der Familienzusammenführung und mit allen Möbeln nach Deutschland ausreisen. In Friedland eingetroffen, erhielt die ehemals nach Deutschland Deportierte nun die deutsche Staatsbürgerschaft und den Status einer Vertriebenen.

Doch die mit dem Leben in Deutschland verbundenen Erwartungen und Hoffnungen erfüllten sich nicht. Im Gegenteil, Marta Schweitzer geriet in eine tiefe Depression. Die Eheleute hatten sich in den zwei Jahren der Trennung entfremdet. Das Büro ihres Mannes befand sich zu dieser Zeit noch in ihrer gemeinsamen Wohnung und die vielen Fälle von Wiedergutmachung bedrückten sie als tägliche Begegnung mit der Vergangenheit. Überhaupt fühlte sie sich unwohl und unausgefüllt in dem Dasein als gut situierte Rechtsanwaltsgattin ohne eigene Aufgabe, denn die Tochter war außer Haus und studierte auswärts. Zudem machte es ihr zu schaffen, ausgerechnet in Deutschland zu leben. Die älteren Deutschen waren es, denen sie nicht unbefangen begegnen konnte. Auf Norderney bestätigten sich ihre Vorbehalte. Dort bemerkte sie SS-Tätowierungen bei männlichen Badegästen. Andere Kuraufenthalte trat sie nicht an, um nicht auf Menschen zu treffen, denen sie ihres Alters wegen nur misstrauen konnte.

Eine Wende ihres Lebens trat ein, als sie die Stelle einer Leiterin des Evangelischen Studentenwohnheims in Köln übernehmen konnte. Ihre Tochter wohnte vier Semester in diesem Wohnheim. Und weil das Leben zuhause der Mutter so wenig zusagte, war sie oft dorthin gefahren und hatte die Verhältnisse in dem Heim, viele Bewohner und auch den Studentenpfarrer gut kennengelernt. Der riet ihr, sich zu bewerben, als die

Stelle der Leiterin frei wurde. Im Vorstellungsgespräch muss sie sehr überzeugend gewirkt haben, denn obwohl ohne Schulabschluss, ohne Ausbildung, außerdem Jüdin, wurde sie in dieser Einrichtung der evangelischen Kirche eingestellt. Und hier hatte sie vor allem mit jungen Menschen zu tun, bei denen sie nicht mutmaßen musste, wie sie sich wohl im „Dritten Reich" verhalten hatten.

Die Verwaltung des Wohnheims machte nur einen Teil ihres Wirkens aus. Sie engagierte sich für ihre Heimbewohner. Sie legte sich mit Hochschullehrern an, wenn, wie sie sagt, *„Nazi-Professoren"* ausländische, besonders farbige Studenten schikanierten. Sie half Studienplätze an anderen Universitäten zu finden, wenn diskriminierende Behandlung ein Studium gefährdete. Überhaupt musste sie Standfestigkeit beweisen und sich durchsetzen können. Das veranschaulicht die Anekdote von dem Studenten, der auszog und sein Zimmer selbst weiter vermietete, sodass es bereits wieder bewohnt war, als derjenige einziehen wollte, der auf der Warteliste stand. Zur Zeit der seit 1968 aufbegehrenden Studenten hatte sie mit dem Heimausschuss zu verhandeln sowie mit dem Studentenpfarrer, dessen Unterschrift sie für alle Entscheidungen benötigte. Unter den Studenten gab es unterschiedliche politische Auffassungen und Gruppierungen, die sich keineswegs alle wohl gesonnen waren, zum Beispiel Palästinenser verschiedener Fraktionen und dazu Israelis. Anfeindungen hatte sie auszuhalten und konnte dabei doch manchmal gelassen abwarten: *„Na ja, die werden auch schon in zwei Semestern ausziehen."* Und sie konnte die Offenheit und Zuneigung vieler junger Menschen erfahren, zum Beispiel derjenigen, die nach dem Tennisspiel regelmäßig in ihrer Wohnung Kaffee tranken und unbekümmert mit dem an ihren Schuhen anhaftenden Sand des Tennisplatzes ihren Teppich rot färbten. Vermittlerin bei Konflikten war sie, Lebensberaterin und Helferin in persönlichen Krisen. Außerdem musste das Wohnheim neu organisiert werden. Die Mensa war abzuschaffen, die Bibliothek aufzulösen. Zeitweise gab es auch keinen Studentenpfarrer und sie war allein verantwortlich.

Briefe spiegeln ihr Verhältnis zu Studenten und Mitarbeitern wider:

„Liebe Frau Schweitzer!   *4. 1. 1992*
Wie geht's bei ihnen, ich hoffe alles in Ordnung. Ich habe sie sehr vermisst. Fühle mich seit sie uns verlassen fürchtbar schlecht, alles hat sich

bei mir geändert. Sie waren für mich wie meine Mutter und mehr, für mich waren sie Symbol der Gerechtigkeit und Liebe."

So schrieb ihr ein ausländischer Student.

„Meine liebe Martha!   27.10. '86*
[…] Während meines Zivildienstes sah unser Verhältnis immer so einseitig aus. Du warst ‚irgendwie‘ immer da, für alle, für mich auch. ‚Martha kommt gleich mit Salat‘ […] ‚Martha hat nach Dir gefragt‘; Martha hat einige Hausrezepte für Erkältung und einige für den Kater; Martha tröstet, lächelt und schaut lebendig in die genervte Büro-Runde. Marta hat garantiert noch Campari im Kühlschrank, sie weiß was die Menschen brauchen. […] Es ist nicht (direkt) ‚Dankbarkeit‘, die ich Dir zeigen will, auch habe ich nicht vor mich großartig zu ‚revanchieren‘, ich möchte einzig Deine Menschlichkeit mir gegenüber erwidern. Ganz einfach, ich freue mich darüber, daß es Dich gibt, darüber, Dir begegnet zu sein. Ich freue mich, ein Stückchen von Deinem Vertrauen zu ‚besitzen‘, Dich zu meinen und mich zu Deinen Freunden zu zählen.
Weißt Du, oft kamst Du mir vor wie ein Kind. So objektiv menschlich, so intuitiv, so fröhlich. Und dann wieder so verletzlich, aufbrausend und bis zur Grausamkeit ehrlich.
[…] Und wenn ich „gelernt" habe, von Dir, dann nie die platten Wahrheiten und Regeln, die man sonst so vorgesetzt bekommt. Immer musste ich selbst eine Runde denken, verdauen und dann mich mit der dumpfen Ahnung von etwas Neuem in mir abfinden. Vielleicht etwas Trauriges, vielleicht auch etwas Erfrischendes. Jedenfalls wichtig."

Schwierig gestalteten sich manche Begegnungen mit Eltern von Studentinnen und Studenten, die von ihr verlangten, die Rolle einer Erzieherin und Aufpasserin zu übernehmen. *„Eine Mutter kam zu mir mit heftigen Vorwürfen, auf dem Zimmer ihrer Tochter sei ein junger Mann. Ich sei dafür verantwortlich. Aber ich erklärte: ‚Hier ist jeder für sich selbst verantwortlich. Ihre Tochter ist ein erwachsener Mensch und hier bei uns kann sie machen, was sie will.‘"* – Ein anderes Elternpaar schrieb einen Beschwerdebrief an die Landeskirche, mit der Absicht, sie zu denunzieren, und mit dem Anliegen, sie von ihrem Posten zu entfernen: Sie sei eine ungarische Jüdin und es wäre nicht hinzunehmen, wenn sie nun aus Rache Deutsche mit afrikanischen Studenten verkupple.

Solcher Rassismus und Antisemitismus ist ihr persönlich sonst kaum begegnet, obwohl sie kein Geheimnis daraus machte, eine Jüdin zu sein. Sie stellte es aber auch nicht heraus. So wurde sie vor allem als Ausländerin angesehen. Nur einmal setzte sie ihre jüdische Herkunft als Mittel der Gegenwehr ein. Das war, als in dem Wohnheim polizeilich nach dem entführten Martin Schleyer gesucht wurde. Sie stellte sich vor ihre Studenten: *„Es gibt hier progressive Leute. Das sind linke Gruppen. Es gibt hier Stalinisten, Kurden, Palästinenser, aber keine Terroristen. Wenn hier die Palästinenser Streit haben, dann mit den Israelis.“* – *„Das interessiert uns nicht. Semiten sollen sich selbst umbringen“*, erklärte ein hoher Beamter. Doch Marta Schweitzer hielt dagegen: *„Ich bin wohl auch ein Semit. Eine ungarische Jüdin.“* Daraufhin mäßigte er sich.

Antisemitismus in Deutschland nahm sie aufmerksam vor allem durch das wahr, was sie las. Mit Leserbriefen auch an den Spiegel und die Zeit beteiligte sie sich gelegentlich an den Diskussionen über die deutsche Geschichte während der NS-Zeit und deren Deutung.

Leserbrief von Marta Schweitzer im Spiegel 1986:

„Diese Tat ist bis jetzt einmalig in der menschlichen Geschichte. Die Menschen haben schon immer gemordet, aber nicht so. Deutsche Historiker sind unglaubwürdig und machen sich mitschuldig, wenn sie aller Welt bekannte Tatsachen leugnen, falsch schildern oder lächerliche Vergleiche machen. Es gibt nichts Vergleichbares. Vielleicht ist die Zeit nach vierzig Jahren noch immer nicht reif genug, um mit diesem Teil der deutschen Geschichte unbefangen umzugehen, weil noch zu viele Opfer, Täter und Mitwisser unter uns sind. Diese dunklen Jahre ehrlich anzupacken wird nur dann möglich sein, denke ich, wenn diese Generation – mich inbegriffen – abgetreten ist.“

Leserbrief von Marta Schweitzer in der Zeit 1988:

„Ich möchte erklären, daß ich mich nicht verletzt fühle in meinen Erinnerungen an meine Familie, die auf die gleiche Art in Auschwitz umgebracht wurde, wie Herr Jenninger laut Augenzeugenbericht in seiner Rede vorgetragen hat. ... Ich finde es großartig, daß Herr Jenninger den

Mut hatte, nach über 40 Jahren eben vor dem Bundestag, seine sachliche und leidenschaftslose Abrechnung mit den 55 Jahren Deutsche Geschichte vorzutragen. Ich denke auch, er ist vielleicht kein guter Rhetoriker – aber das ist ja keine Schuld. Herr Jenninger hat auch schwer ertragbare Wahrheiten gesagt und die Herren im Bundestag waren der so lange verdrängten eigenen Geschichte nicht gewachsen. "

Leserbrief von Marta Schweitzer im Spiegel 1999:

„Die Bombardierung Berlins war keineswegs die Rache des Juden Erich Mendelssohn, sondern die natürliche Folge der Bombardierungen von Coventry, London, Belgrad, Warschau und Rotterdam. "

Und was war im Rückblick über ihr Leben der heute über Achtzigjährigen wichtig und für sie bedeutsam? Ihre Antwort auf diese Frage ist ganz eindeutig: Es ist das Wirken im Evangelischen Studentenwohnheim. Dort verbrachte sie fast 20 Jahre, den längsten Lebensabschnitt an einem Ort. Nach zehn Jahren habe sie das Wohnheim für ihr eigenes Haus gehalten. Privatleben habe es dort nicht gegeben. *„Ich aber brauchte kein Privatleben. Ich habe mein Privatleben hinter mich gebracht, als ich dort ankam. Ich brauchte im Grunde auch kein Geld. Mein Mann hat gut verdient. Mein Geld habe ich eigentlich für die Studenten aufgewendet. "* Die Arbeit im Studentenwohnheim füllte sie also aus. *„Das war nicht Auschwitz und Duderstadt, das war nicht mein Kind und mein Mann, das war eigentlich diese Arbeit, die mich geprägt hat und die für mich wichtig gewesen ist. Mit allem Drum und Dran, mit Gutem und Schlechtem. "* So benennt sie die wesentliche Aufgabe, den sinnvollen Inhalt und die aktive, gestaltende Leistung – kurz: das Zentrum ihres Lebens. Hier fand sie ihr eigenes, ihr selbst bestimmtes Sein.

In diesem Sinne ist sie auch einer früheren Heimbewohnerin in Erinnerung geblieben: *„Da gab es ja zwei Seiten ihrer Person. Die Woche über war sie sehr flott in ihren Jeans unterwegs, und wenn der Ehemann kam, dann zog sie den Pelzmantel an und ging mit ihm aus. Und dann war Marta ja ganz jemand anders. Aber das war immer etwas, das sie gar nicht gerne machte. "*

Veröffentlichungen der Geschichtswerkstatt Duderstadt e.V.

Bücher:

Chiampo, Guiseppe:
Überleben mit Stift und Papier. Aus dem Tagebuch eines Italienischen Militärinternierten im Zweiten Weltkrieg in Hilkerode/Eichsfeld, herausgegeben von Günther Siedbürger, Göttingen 2004.

Hütt, Götz:
Das Außenkommando des KZ Buchenwald. Ungarische Jüdinnen im Rüstungsbetrieb Polte, Norderstedt 2005.

Hans Georg Schwedhelm: „Bei denen konnte man immer gut einkaufen". Das Ende jüdischen Lebens in Duderstadt, Göttingen 2006.

CD:

Marta Schweitzer: „Jede Minute, die wir leben, ist von Nutzen." Evakuierung aus dem KZ in Duderstadt. Aufzeichnungen vom 29.4.1945. Übersetzung: Stephanie Billib; Sprecherin: Jenny König; Schnitt: M. Reichmann. [Erhältlich über die Geschichtswerkstatt Duderstadt.]

DVD:

Als Zwangsarbeiterkind in Südniedersachsen 1944 – 1946. Filmisches Interview mit Mirosław Kukliński. [Erhältlich über die Geschichtswerkstatt Duderstadt.]

Anschrift:
Geschichtswerkstatt Duderstadt e.V., Sonnenweg 1, 37115 Duderstadt